UNIVERSAL BIBLIOTHEK

Cyrano mit der langen Nase, der witzigen Rede und der schüchternen Seele, der Dichter und Philosoph, Soldat, Abenteurer und Phantast – es gibt in Frankreich keine beliebtere Bühnenfigur, kein Theaterstück, das so häufig gespielt wird wie Rostands mit hinreißendem Schwung verfaßte Komödie über das Leben des berühmten Gascogners.

P9-DTW-983

Edmond Rostand
Cyrano von Bergerac

Romantische Komödie
in fünf Aufzügen

Übersetzung von Ludwig Fulda
Nachwort von Ralf Steyer

Philipp Reclam jun. Stuttgart

Originaltitel:
Cyrano de Bergerac
(1897)

Universal-Bibliothek Nr. 8595[2]
Alle Rechte, insbesondere der Bühnenaufführung, der Rundfunk-
und Fernsehsendung, vorbehalten durch Verlag Felix Bloch Erben,
Hardenbergstraße 6, 1000 Berlin 12
© für diese Ausgabe 1977 Philipp Reclam jun. GmbH & Co., Stuttgart
Umschlaggestaltung: Nik Rothfuchs
Gérard Depardieu in dem Film CYRANO VON BERGERAC
von Jean-Paul Rappeneau
Gesamtherstellung: Reclam, Ditzingen. Printed in Germany 1991
RECLAM und UNIVERSAL-BIBLIOTHEK sind eingetragene
Warenzeichen der Philipp Reclam jun. GmbH & Co., Stuttgart
ISBN 3-15-008595-0

Personen

Cyrano von Bergerac
Christian von Neuvillette
Graf Guiche
Vicomte Valvert
Ragueneau
Lise, *seine Frau*
Le Bret, *Cyranos Freund*
Hauptmann Carbon von Castel-Jaloux
Lignière
Cuigy
Brissaille } *Edelleute*
Montfleury
Bellerose } *Schauspieler*
Jodelet
Roxane, *Cyranos Cousine*
Ihre Duenna
Schwester Marthe
Schwester Claire } *Nonnen*
Mutter Marguerite
Die Kadetten
Erster
Zweiter } *Marquis*
Dritter
Ein Mißvergnügter
Erster
Zweiter } *Musketier*
Ein spanischer Offizier
Ein Chevauxleger
Der Portier
Ein Bürger

Sein Sohn
Ein Taschenspieler
Ein Zuschauer
Ein Gardist
B e r t r a n d o u , *der Pfeifer*
Ein Kapuziner
Zwei Musiker
Die Poeten
Die Pastetenbäcker (Köche)
Die Büfettdame
Erste ⎱
⎰ *Schauspielerin*
Zweite
Die Pagen
Das Blumenmädchen

Bürger, Marquis, Musketiere, Taschendiebe, Köche, Dichter,
Gascogner, Kadetten, Schauspieler und Schauspielerinnen,
Geiger, Pagen, Kinder, spanische Soldaten, Zuschauer, Pre-
ziösen, Nonnen usw.

Die vier ersten Akte spielen 1640, der fünfte 1655.

Erster Aufzug

Eine Vorstellung im Hotel de Bourgogne

*Der Saal des Hotel de Bourgogne: eine Art von Ball-
haus als Theaterraum eingerichtet und aufgeputzt.*

*Man sieht den rechteckig gedachten Saal im (durch die
Diagonale gezogenen) Querschnitt, so daß eine seiner
Seitenwände von vorn rechts nach hinten links verläuft,
während die andere, rechtwinklig daranstoßende, von der
Bühne eingenommen wird.*

*Diese Bühne ist zu beiden Seiten, längs der Kulissen, von
gepolsterten Bänken eingenommen. Der Vorhang besteht
aus zwei seitlich aufzuziehenden Teppichen. Über der
Draperie (dem »Mantel«) das königliche Wappen. Breite
Stufen verbinden Bühne und Saal; zu beiden Seiten dieser Stufen der Platz für die Geiger. Eine Reihe von
Kerzen dient zur Beleuchtung der Rampe.*

*Zwei seitliche Ränge für die Zuschauer; der obere ist in
Logen eingeteilt. Im Parterre befinden sich keine Sitze;
nur in seinem Hintergrund (d. h. also für den wirklichen
Zuschauer rechts vorn) einige stufenförmig aufsteigende
Bänke, und unterhalb einer Wendeltreppe, die zu den
Rängen hinaufführt, eine Art Büfett mit kleinen Arm-
leuchtern, Blumenvasen, Kristallgläsern, Tellern von
Konfekt, Flaschen usw.*

*In der Mitte des Hintergrundes, unter den Rängen, der
Haupteingang; eine große, zweiflüglige Tür, welche aber
beim Eintreten der Zuschauer nur halb geöffnet wird.
Auf den Türflügeln ebenso wie in verschiedenen Ecken
und über dem Büfett rote Plakate, auf denen zu lesen
ist: Clorise.*

*Beim Aufgehen des Vorhangs ist der Saal halbdunkel
und noch leer. Die Kronleuchter sind auf den Boden heruntergelassen, um angezündet werden zu können.*

Erster Auftritt

Das Publikum, nach und nach eintretend. Kavaliere, Bürger, Lakaien, Pagen, Taschendiebe, der Portier etc. Dann die Marquis, Cuigy, Brissaille, die Büfettdame, die Geiger etc. Man hört hinter der Tür Lärm von Stimmen; ein Kavalier erzwingt sich die Passage.

P o r t i e r *(ihn verfolgend).*
　Ihr Eintrittsgeld!
K a v a l i e r.   Ich zahle nichts.
P o r t i e r.   Mein Herr ...
K a v a l i e r. Bin von der königlichen Garde.
P o r t i e r *(zu einem andern, eben auftretenden Kavalier).*
　　　　　　　　　　　　　　　　　　Hier
　Die Kasse.
Z w e i t e r   K a v a l i e r.   Freiplatz.
P o r t i e r *(protestierend).*   Aber ...
Z w e i t e r   K a v a l i e r.   Musketier!
E r s t e r   K a v a l i e r *(zum zweiten).*
　Erst um zwei Uhr der Anfang. Das Parterre
　Noch leer. Komm, laß uns üben: Quart und Terze!
　(Sie beginnen Florett zu fechten.)
E i n   L a k a i *(im Auftreten).*
　Pst!
Z w e i t e r   L a k a i *(schon auf der Bühne).*
　　Ja?
E r s t e r   L a k a i *(Spiele aus seinem Wams hervorziehend).* Hier Karten, Würfel.
　(Setzt sich auf die Erde.)
　　　　　　　　　　　　　　　　　Willst du?
Z w e i t e r   L a k a i *(sich zu ihm setzend).* Gut.   ·
E r s t e r   L a k a i *(zieht aus der Tasche ein Stück Kerze, zündet sie an und befestigt sie auf dem Boden).*
　Ich mauste meinem Herrn dies Stümpchen Kerze.
E i n   G a r d i s t *(zu einem nach vorn kommenden Blumenmädchen).*
　Wo's finster ist, verdoppelt sich mein Mut.
　(Er legt den Arm um ihre Taille.)
E r s t e r   K a v a l i e r *(beim Fechten getroffen).*
　Sitzt.

Zweiter Lakai *(spielend).*
> Cœur.
Gardist *(das Mädchen verfolgend).*
> Ein Küßchen!
Blumenmädchen *(sich losmachend).*
> Nein.
Gardist *(sie in eine dunkle Ecke ziehend).*
> Aus welchem Grund ...
Ein Mann *(sich mit andern, welche gleichfalls Mundvorrat bei sich führen, auf die Erde setzend).*
> Kommt man zu früh, so hat man Zeit zum Essen.
Ein Bürger *(seinen Sohn führend).*
> Mein Sohn, hier setz dich.
Erster Lakai *(spielend).*   Trumpf!
Ein Mann *(unter seinem Mantel eine Flasche hervorziehend und sich gleichfalls setzend).*
> Nicht zu vergessen
> 'nen Schluck Burgunder ... *(trinkt)* im Hotel Burgund.
Bürger *(zu seinem Sohn).*
> Glaubt man sich nicht in einem Schandlokale?
> *(Er deutet mit der Spitze seines Stockes auf den Trinker.)*
> Trunk ...
> *(Beim Ausweichen stößt ihn einer der Fechter.)*
> Rauferei ...
> *(Er gerät mitten unter die Spieler.)*
> und Spiel!
Gardist *(hinter ihm, das Mädchen weiter bedrängend).*
> Ein Küßchen!
Bürger *(schnell seinen Sohn entfernend).*
> Meiner Seel'! –
> Und wenn man denkt, mein Sohn, daß hier im Saale
> Rotrou gespielt ward!
Der Sohn.   Und Corneille!
Ein Trupp Pagen *(kommt; sie halten sich bei den Händen, tanzen Farandole und singen dazu).*
> Tra la la la usw.
Portier *(ernsthaft, zu den Pagen).*
> Ihr Pagen, keine Possen!
Erster Page *(mit beleidigter Würde).*
> Ihr Verdacht
> Kränkt uns, mein Herr!

*(Sobald der Portier den Rücken dreht, lebhaft zum
zweiten.)*   Hast du die Schnur?
Z w e i t e r P a g e.   Nebst Angel.
E r s t e r P a g e *(nach der Galerie zeigend).*
Man kann von droben gut Perücken fischen.
E i n T a s c h e n d i e b *(mehrere Leute von verdächtigem
Aussehen um sich versammelnd).*
Ihr jungen Gauner, laßt euch nicht erwischen.
Ihr stehlt zum erstenmal; nehmt euch in acht!
E r s t e r P a g e *(zu andern Pagen hinaufrufend, die schon
auf der Galerie sind).*
Bringt ihr fürs Blasrohr Erbsen mit?
D r i t t e r P a g e *(von oben).*   Kein Mangel!
(Er bläst und bombardiert sie mit Erbsen.)
D e r S o h n *(zu seinem Vater).*
Wie heißt das Stück?
B ü r g e r.   »Clorise«.
S o h n.   Wie heißt der Dichter?
B ü r g e r. Balthasar Baro – sehr geschätzt von vielen.
(Er geht mit dem Sohn nach hinten.)
T a s c h e n d i e b *(zu seinen Gehilfen).*
Nach echten Spitzen fahndet mit der Schere!
E i n Z u s c h a u e r *(zu einem andern, ihm eine erhöhte
Ecke zeigend).*
Sehn Sie, dort war mein Platz bei der Premiere
Des »Cid«.
T a s c h e n d i e b *(stets mit entsprechender Geste).*
                       Nach Uhren ...
B ü r g e r *(wieder nach vorn kommend, zu seinem Sohn).*
                                Große Künstler spielen ...
T a s c h e n d i e b.
Schnupftüchern ...
B ü r g e r.   Montfleury ...
S t i m m e *(von der oberen Galerie).*
                                Steckt an die Lichter!
B ü r g e r. Bellerose, La Beaupré, Jodelet, L'Epy!
E r s t e r P a g e. Die Hebe! –
B ü f e t t d a m e *(hinter dem Büfett erscheinend).*
                                Himbeersaft, Milch, Limonade,

Orangen ...
(Lärm am Eingang.)

Eine Fistelstimme. Platz da, Pack!
Erster Lakai *(erstaunt).*   Die Herrn Marquis!
Hier im Parterre? –
Zweiter Lakai. Für kurze Zeit.
(Eine Schar von kleinen Marquis tritt auf.)
Ein Marquis *(sich in dem halbleeren Saal umsehend).*
Wie fade!
Wir kommen hier wie Handschuhmacher an.
Wem tritt man auf den Fuß? Wen rempelt man?
O pfui!
(Er bemerkt andere, kurz vorher aufgetretene Edelleute.)
Cuigy, Brissaille!
(Feierliche Umarmungen.)
Cuigy.   Willkommen! – Ja,
Wir leuchten hier noch früher als die Kerzen.
Der Marquis.
Zum Teufel auch, es ist mir nicht zum Scherzen.
Zweiter Marquis.
Getrost, Marquis, hier naht der Phöbus.
Alle *(das Erscheinen des Lichtanzünders begrüßend).*
Ah!
*(Man gruppiert sich um die Leuchter, die er ansteckt.
Die Galerie füllt sich allmählich. Lignière erscheint im
Parterre, Christian von Neuvillette am Arm führend.
Lignière ist nachlässig gekleidet; distinguierter Trunken-
bold. Christian, in der Kleidung elegant, aber ein wenig
altmodisch, ist präokkupiert, späht nach den Logen.)*

Zweiter Auftritt

Vorige. Christian. Lignière. Dann Ragueneau, Le Bret.

Cuigy. Lignière! –
Brissaille *(lachend).*
Noch nüchtern?
Lignière *(leise zu Christian).*
Wünschen Sie Bekanntschaft?
(Christian nickt zustimmend. Er stellt vor.)
Baron von Neuvillette.
(Begrüßung.)

Alle *(während der erste angezündete Leuchter in die Höhe gezogen wird)*.   Ah!

Cuigy *(zu Brissaille, mit Bezug auf Christian)*.
Hübscher Mensch.

Erster Marquis *(der zugehört hat)*.   So, so.
La, la.

Lignière *(zu Christian, vorstellend)*.
Von Cuigy. Von Brissaille.

Christian *(sich verbeugend)*. Sehr froh ...

Erster Marquis *(zum zweiten)*.
Ganz niedlich; aber duftet nach Provinz.

Lignière *(zu Cuigy)*.
Der Herr Baron verließ erst jetzt die Landschaft
Touraine.

Christian.   Jawohl, kaum zwanzig Tage sind's.
Heut trat ich ein bei den Kadetten.

Erster Marquis *(die Personen musternd, welche in den Logen erscheinen)*.   Da
Kommt Präsidentin Aubry!

Büfettdame.   Milch ...

Die Geiger *(stimmend)*.   La ... la ...

Cuigy *(zu Christian, auf den Saal deutend)*.
Es füllt sich.

Christian.   Allerdings.

Erster Marquis.   Die schöne Welt.
(Sie bezeichnen die Damen, welche in großer Toilette in die Logen eintreten; senden ihnen Grüße, welche mit einem Lächeln erwidert werden.)

Cuigy. Dort Frau von Bois.

Erster Marquis.   Sie hat mich einst bestrickt.

Brissaille. Von Chavigny ...

Zweiter Marquis.   Die unsre Herzen knickt.

Lignière. Soeben hat Corneille sich eingestellt.

Der Sohn *(zu seinem Vater)*.
Sind Akademiker darunter?

Bürger.   Viele, Kind.
Dort steht Porchères, dort Bourdon; ihn umgebend
Arbaud, Colomby, Boissat. Wie erhebend
Zu denken, daß sie all' unsterblich sind!

Erster Marquis.
Ah, die Preziösen treffen ein. Man sieht

Dort Cassandace und dort Barthénoide,
Félixérie...
Z w e i t e r M a r q u i s. Die Namen sind befremdlich,
Doch reizend! Und du weißt sie sämtlich.
E r s t e r M a r q u i s. Sämtlich.
L i g n i è r e *(Christian beiseite nehmend).*
Ich kam auf Ihren Wunsch, mein Freund; doch wenn die
Dame
Nicht bald erscheint, geh ich vor Durst zugrund.
C h r i s t i a n *(flehentlich).*
Sie kennen Hof und Stadt. Oh, bleiben Sie! Der Name
Der Heißgeliebten wird mir sonst nicht kund.
D e r K a p e l l m e i s t e r *(mit seinem Taktstock auf das
Notenpult schlagend).*
Wir fangen an. *(Er hebt den Taktstock.)*
B ü f e t t d a m e. Makronen, Himbeersaft...
(Die Geigen beginnen zu spielen.)
C h r i s t i a n. Mir bangt, sie sei kokett und flatterhaft.
Mit ihr zu reden mangelt mir's an Geist...
Die Sprache, die man heute schreibt und spricht,
Die lern ich blöder Bursch im Leben nicht. –
Dort, in der leeren Loge sitzt sie meist.
L i g n i è r e. Ich gehe.
C h r i s t i a n *(ihn zurückhaltend).*
Bleiben Sie.
L i g n i è r e. Hier stürb' ich bald
Vor Durst. Ich werd erwartet in der Schenke.
B ü f e t t d a m e *(mit einem Plateau an ihm vorbeigehend).*
Himbeer?
L i g n i è r e. Pfui!
B ü f e t t d a m e. Milch?
L i g n i è r e. Puah!
B ü f e t t d a m e. Muskatwein?
L i g n i è r e. Halt!
(Zu Christian.)
Muskatwein ist ein mögliches Getränke.
*(Er setzt sich in die Nähe des Büfetts. Die Büfettdame
schenkt ihm ein.)*
S t i m m e n *(im Publikum beim Eintritt eines kleinen,
rundlichen und vergnügt dreinschauenden Mannes).*
Ah! Ragueneau! –

Lignière *(zu Christian).*
Der große Zuckerbäcker.

Ragueneau *(im Kostüm eines sonntäglich geputzten
Pastetenbäckers, eilt auf Lignière zu).*
Hat niemand Herrn Cyrano noch gesehn?

Lignière *(zu Christian, Ragueneau präsentierend).*
Der Garkoch der Poeten, ihr Entdecker
Und Nährer.

Ragueneau *(verlegen).*
Zu viel Ehre . . .

Lignière.   Still, Mäzen!

Ragueneau. Die Herrn bewirt ich wohl . . .

Lignière *(zu Christian).*
Und kreditiert die Zeche;
Ist selbst Poet.

Ragueneau. Man sagt es.

Lignière.   Seine Schwäche
Sind Verse . . .

Ragueneau.   Ja, für gut gereimte Wörtchen . . .

Lignière. Verschenkt er eine Torte.

Ragueneau.   Nun – ein Törtchen.

Lignière. Der Wackre will sich zu entschuldigen suchen!
Für ein Sonett gibt er . . .

Ragueneau.   Ein Brötchen.
Zwei!

Lignière. Liebt das Theater . . .

Ragueneau.   Bis zur Raserei.

Lignière. Den Eintrittspreis entrichtet er in Kuchen. –
Zum Beispiel, als Sie heut hier eingetreten,
Was zahlten Sie?

Ragueneau. Vier Krapfen, fünf Pasteten.
(Er sieht sich nach allen Seiten um.)
Seltsam, daß Herr Cyrano nicht erschien!

Lignière. Wieso?

Ragueneau.   Montfleury spielt.

Lignière.   Jawohl, das dicke Kalb
Tritt heut als Phädon auf. Was aber fragt
Danach Cyrano?

Ragueneau.   Montfleury hat ihn
Kürzlich erzürnt. Er hat ihm dieserhalb
Vier Wochen lang das Spielen untersagt.

Lignière *(bereits beim vierten Gläschen angelangt).*
　　Nun und?
Ragueneau.
　　　　　Montfleury spielt!
Cuigy *(der mit seiner Gruppe sich genähert hat).*
　　　　　　　　Er hindert's nicht.
Ragueneau. 　　　　　　　　　　Hm, ich
　　Kam, das zu sehn.
Erster Marquis.　Wer ist Cyrano, sprich?
Cuigy. Ein Degenheld; niemand ficht meisterlicher.
Zweiter Marquis. Von Adel?
Cuigy. 　　　　　　　Ja. Kadett beim Gardecorps.
　　(Er deutet auf einen Edelmann, der eben den Saal be-
　　treten hat und sich suchend umsieht.)
　　Da kommt sein Freund.
　　(Er ruft.) 　　　　Le Bret, Sie spähen sicher
　　Nach Bergerac?
Le Bret.　　Ja, seltsam kommt mir's vor ...
Cuigy. Ist's nicht ein ungewöhnlicher Gesell?
Le Bret *(warm).*
　　Ein Edelstein der Menschheit, und ein echter!
Ragueneau. Gelehrter!
Cuigy: 　　　　　　Musiker!
Brissaille. 　　　　　　　Poet!
Le Bret. 　　　　　　　　　　　Und Fechter!
Lignière. Sein Aussehn auch ist sehr originell!
Ragueneau.
　　Fürwahr, er paßt nicht gut als Gegenstand
　　Von des Champaigne feierlichen Bildern;
　　Maßlos, verdreht, bizarr, extravagant –
　　Der selige Callot nur könnt' ihn schildern
　　Als tollsten Raufbold seiner Märchenwelt:
　　Dreifacher Federbusch, sechsschößiger Rock
　　Und Mantel, den der Degenstock
　　Wie einen Hahnenschweif nach hinten schwellt.
　　Stolzer als all die Meister der Emphase,
　　Die das Gascognerland erzeugt seit ältesten Tagen,
　　Schleppt er in seinem Pulcinellakragen
　　'ne Nase – meine Herrn, welch eine Nase!
　　Sieht man sie nur von ferne blitzen,
　　So ruft man: »Nein, weiß Gott, er übertreibt!«

Dann fragt man lächelnd, ob sie haften bleibt,
Und richtig, Herr Cyrano läßt sie sitzen.

Le Bret. Weh jedem, der sie merkt!

Ragueneau *(gewichtig).* Wie eine Parzenschere
Wütet sein Schwert.

Erster Marquis *(die Achsel zuckend).*
Er kommt ja nicht.

Ragueneau. Oho.
Ich wett ein Brathuhn à la Ragueneau!

Erster Marquis *(lachend).*
Top!
*(Flüstern der Bewunderung im Saal. Roxane ist in ihrer
Loge erschienen. Sie setzt sich auf den Vorderplatz, ihre
Duenna hinter ihr. Christian, welcher eben die Büfett-
dame bezahlt, bemerkt sie noch nicht.)*

Zweiter Marquis *(mit gezierter Begeisterung).*
Kinder, ist sie nicht, auf Ehre,
Zum Fressen reizend?

Erster Marquis. Eine Pfirsichblüte
Mit Erdbeeren kosend.

Zweiter Marquis. Frisch wie Morgenwind;
Man holt sich einen Schnupfen im Gemüte!

Christian *(sieht auf, bemerkt Roxane und faßt Lignière lebhaft am Arm).*
Da ist sie!

Lignière *(hinsehend).*
Diese?

Christian. Ja. Wer ist's? – Geschwind!

Lignière *(seinen Muskatwein feinschmeckerisch schlür-
fend).*
Madeleine Robin, genannt Roxane. – Sehr
Preziös.

Christian.
O weh!

Lignière. Verwaist und ledig noch.
Base Cyranos ...
*(In diesem Augenblick tritt ein reich gekleideter Kava-
lier, mit dem Kreuz des Heiligen Geistordens, in die
Loge und spricht stehend einen Augenblick mit Roxane.)*

Christian *(zitternd).*
Und der Mann dort?

L i g n i è r e *(mit beginnendem Rausch, blinzelnd).*
                                    Der? –
  Graf Guiche. Er liebt sie. Hat zur Frau jedoch
  Die Nichte Richelieus. Ist drauf bedacht,
  Sie mit Vicomte von Valvert zu verbinden;
  Bei diesem Wicht hofft er – Gefälligkeit zu finden.
  Sie sträubt sich; doch der Graf hat große Macht;
  Drum fürchtet ihn die simple Bürgerliche.
  Ich brachte seine niederträcht'gen Schliche
  In Verse. Schäumen wird er: sie sind spitzig!
  Urteilen Sie nur selbst ...
  *(Er steht schwankend auf, mit erhobenem Glas, und
  schickt sich an, vorzutragen.)*
C h r i s t i a n.   Nein, ich muß gehn.
L i g n i è r e. Wohin?
C h r i s t i a n.   Zu Herrn von Valvert.
L i g n i è r e.   Nicht so hitzig!
  Er tötet Sie.
  (Ihn mit einem Augenzwinkern aufmerksam machend.)
                  Halt! Sie hat hergesehn.
C h r i s t i a n. Ja.
  *(Er steht wie gebannt. Die Taschendiebe, welche bemer-
  ken, daß er mit offenem Mund in die Luft starrt, nähern
  sich ihm.)*
L i g n i è r e. Krank bin ich vor Durst und will genesen –
  Im Wirtshaus.
  (Er geht schwankend ab.)
L e B r e t *(ist bis jetzt suchend herumgegangen, kehrt nun
  zu Ragueneau zurück).*
                        Kein Cyrano!
  (Auf eine ungläubige Geste Ragueneaus.)
                        Hoffentlich
  Hat er den Anschlagzettel nicht gelesen.
V i e l e S t i m m e n.
  Fangt an! Fangt an!

Dritter Auftritt

> *Vorige, ohne Lignière. Graf Guiche, Valvert. Später*
> *Montfleury.*

Erster Marquis *(beim Anblick des Grafen Guiche,*
welcher aus der Loge herabgestiegen ist und nun das Par-
terre durchquert, umgeben von ehrerbietigen Kavalieren,
unter denen der Vicomte von Valvert).
                    Der Hofstaat um Graf Guiche!
Zweiter Marquis.
    Auch ein Gascogner!
Erster Marquis.   Von der kalt geschmeidigen Sorte;
    Die bringt's am weitesten. Grüßen wir!
    (Sie gehen auf den Grafen zu.)
Zweiter Marquis.   Herr Graf,
    Prachtvoll – die Farbe dieser Mantelborte!
    Ist das »Vielliebchen« oder »Mutterschaf«?
Guiche. Nein, Farbe »Kranker Spanier«.
Erster Marquis.   So ist's recht.
    Dank Ihrer Feldherrnkunst geht's ja dem Spanier schlecht.
Guiche. Ich geh zur Bühne.
    (Er wendet sich, gefolgt von den Marquis und Kavalie-
    ren, der Bühne zu, ruft zurück.)
                    Valvert, komm!
Christian *(der zugehört und alles beobachtet hat, fährt*
bei Nennung des Namens zusammen).   Mein Mann! –
    Ich schleudr' ihm ...
    (Er steckt die Hand in die Tasche und findet darin die-
    jenige des Taschendiebs, der sich gerade angeschickt hat,
    ihn zu plündern; er dreht sich um.)
Taschendieb. Oh! –
Christian *(ihn festhaltend).*
                    Den Handschuh wollt' ich fassen ...
Taschendieb *(mit kläglichem Lächeln).*
    Und fassen eine Hand.
    (In anderem Ton, schnell und leise.)
                    Wenn Sie mich laufen lassen,
    Vertrau ich Ihnen ein Geheimnis an.
Christian *(ihn immer festhaltend).*
    Nun?

Taschendieb.
          Herr Lignière ... Ihr Freund ...
Christian.   Was?
Taschendieb.   Ist verloren.
    Er hat ein großes Tier gereizt zur Rache
    Durch Verse. Hundert Männer sind verschworen
    Ihm aufzulauern ...
Christian.   Hundert! Auf Befehl
    Von wem?
    (Da der Taschendieb verlegen schweigt, ungeduldig.)
                    Sprich!
Taschendieb *(sehr würdevoll)*.
                    Amtsgeheimnis. Ehrensache.
Christian. Der Ort des Hinterhalts?
Taschendieb.   Die Porte de Nesle.
    Drum warnen Sie den Freund ...!
Christian *(ihn endlich loslassend)*.   Wo mag er sein?
Taschendieb.
    Sie müssen alle Schenken schnell durchstreifen:
    »Die goldne Kelter«, »Den geplatzten Reifen«,
    »Den Storch«, »Den grünen Baum«, »Das schwarze
                                        Schwein« –
    Und überall ein Briefchen hinterlegen.
Christian.
    Ja! – Hundert gegen einen! Oh, die Feigen!
    (Zu Roxane aufblickend, zärtlich.)
    Abschied von ihr!
    (Wütend, mit Bezug auf Valvert.)
                    Und ihm! – Des Freundes wegen!
    *(Er eilt hinaus. – Graf Guiche, Valvert, die Marquis und
    alle Kavaliere sind hinter dem Vorhang verschwunden,
    um ihre Sitze auf die Bühne einzunehmen. Das Parterre
    ist vollständig gefüllt, ebenso die Logen und Galerien.)*
Viele Stimmen. Fangt an!
Ein Bürger *(dessen Perücke, von einem der auf der
    Galerie befindlichen Pagen geangelt, sich in die Luft er-
    hebt)*.   Meine Perücke!
Stimmen *(lachend)*.   Welche Glatze!
    Ihr Pagen, gut gemacht!
Der Bürger *(wütend, mit drohender Faust)*.
                    Wart, kleine Fratze!

S t i m m e n *(von lautem zu immer leiser werdendem Lachen übergehend).*
> Ha! Ha! Ha! Ha!
> *(Stille.)*

L e B r e t *(erstaunt).*   So plötzlich tiefes Schweigen?
> *(Ein Zuschauer teilt ihm leise etwas mit.)*
> Wirklich?

D e r Z u s c h a u e r.   Bestimmt behauptet man's im Saal.

G e m u r m e l.
> Kommt er? – Dort in der Loge! – Siehst du nicht?
> Der Kardinal? – Er ist's. – Der Kardinal!

E r s t e r P a g e.
> Ach, nun heißt's artig sein!
> *(Drei Schläge auf der Bühne, zum Zeichen des Beginns.
> Das Publikum unbeweglich, erwartungsvoll.)*

S t i m m e d e s e r s t e n M a r q u i s *(hinter dem Vorhang, in die Stille hineinrufend).* He, schneuzt das Licht!

Z w e i t e r M a r q u i s *(den Kopf aus der Vorhangsspalte
herausstreckend).*
> Mir fehlt ein Sessel.
> *(Ein Stuhl wird von Hand zu Hand über die Köpfe weg
> zu ihm hintransportiert. Er nimmt ihn und verschwindet
> damit, nachdem er noch schnell den Logen einige Kuß-
> hände zugeworfen hat.)*

E i n Z u s c h a u e r. Ruhe!
> *(Wiederholung der drei Schläge. Der Vorhang geht auf.
> Tableau. Die Marquis sitzen hingelümmelt auf beiden
> Seiten der Bühne. Der Hintergrund stellt eine ländliche
> Gegend im Geschmack der Schäferdichtung dar. Vier
> kleine Kristalleuchter erhellen die Bühne. Die Geigen
> spielen piano.)*

L e B r e t *(leise zu Ragueneau).* Sagen Sie,
> Tritt Montfleury jetzt auf?

R a g u e n e a u *(leise).*   Gleich zu Beginn.

L e B r e t. Cyrano fehlt.

R a g u e n e a u.   Mein Brathuhn ist dahin.

L e B r e t. Ich atme leichter!
> *(Man hört einen Dudelsack. Montfleury erscheint auf der
> Bühne, sehr korpulent, im Schäferkostüm, einen rosen-
> geschmückten Hut auf das eine Ohr gestülpt und einen
> mit farbigen Bändern verzierten Dudelsack blasend.)*

Die Zuschauer *(applaudierend).*
                              Bravo, Montfleury!
Montfleury *(nachdem er das Publikum begrüßt hat, als Phädon).*
  »Beglückt, wer fern dem Hof in holder Einsamkeit
  Aus eigenem Entschluß sich der Verbannung weiht,
  Gelabt von Zephyrs Hauch, frei von der Ehrsucht
                              Zielen...«
Eine Stimme *(mitten im Parterre).*
  Schurk', hab ich dir nicht untersagt zu spielen?
  (Allgemeine Verblüffung. Man dreht sich nach dem Sprecher um. Gemurmel.)
Verschiedene Stimmen.
  Wie? – Was?
  (Die Insassen der Logen erheben sich, um zu sehen.)
Cuigy.   Er ist's!
Le Bret *(entsetzt).* Cyrano!
Die Stimme.   Strauchdieb, räumen
  Wirst du die Bühne!
Alle *(entrüstet).*   Oh!
Montfleury.   Ich...
Die Stimme.   Ohne Säumen!
Verschiedene Stimmen *(im Parterre und in den Logen).* Still! Ruhe! Montfleury soll weitersprechen!
Montfleury *(mit unsicherer Stimme).*
  »Beglückt, wer fern dem Hof in holder Einsam...«
Die Stimme *(eindringlicher).*   Nun?,
  Halunk, wirst du, was ich verlangte, tun?
  Soll dir mein Stock die Knochen erst zerbrechen?
  (Ein stockschwingender Arm wird über den Köpfen sichtbar.)
Montfleury *(mit immer schwächerer Stimme).*
  »Beglückt...«
Die Stimme. Hinaus!
Das Parterre.   Oho!
Montfleury *(würgend).* »Beglückt, wer fern...«
Cyrano *(aus dem Parterre auftauchend, auf einem Stuhl stehend, mit gekreuzten Armen, kriegerisch aufgestülptem Schlapphut, gesträubtem Schnurrbart und furchtbarer Nase).* Nun werd ich wild!
  (Sensation bei seinem Anblick.)

Vierter Auftritt

Vorige. Cyrano. Dann Bellerose, Jodelet.

M o n t f l e u r y *(zu den Marquis).*
                    Zu Hilfe, meine Herrn!
E r s t e r   M a r q u i s *(nonchalant).*
   Ei, spielen Sie!
C y r a n o.   Der Dickwanst spielt heut nicht;
   Sonst zwingt er mich, das Maul ihm zu verstopfen.
E r s t e r   M a r q u i s. Genug!
C y r a n o.   Wenn mir ein Stutzer widerspricht,
   Werd ich den Staub aus seinem Mantel klopfen.
A l l e   M a r q u i s *(aufstehend).*
   Das ist zu stark. – Wir . . .
C y r a n o.   Montfleury, hinaus!
   Ich reiße dir sonst Arm' und Beine aus.
E i n e   S t i m m e. Jedoch . . .
C y r a n o.   Hinaus!
E i n e   a n d e r e   S t i m m e.   Mir scheint . . .
C y r a n o.   Du bist noch hier?
   (Er macht Miene, sich die Ärmel aufzukrempeln.)
   Die Bühne werd ich zum Büfett verwandeln,
   Um dich als Cervelatwurst zu behandeln.
M o n t f l e u r y *(all seine Würde zusammennehmend).*
   Mein Herr, Thalia wird beschimpft in mir.
C y r a n o *(sehr höflich).*
   Mein Herr, der Dame sind Sie nicht empfohlen;
   Doch hätte sie den Vorzug, Sie zu sehn,
   Solch feisten Tropf, sie zög' im Handumdrehn
   Sich den Kothurn aus, um Sie zu versohlen.
D a s   P a r t e r r e.
   Montfleury, vorwärts! – Das versprochne Stück!
C y r a n o *(zu denen, welche ihn lärmend umringen, seine*
   Degenklinge anfassend).
   Vorsicht! Dies Futteral kann einen Geist entsenden:
   Einmal entfesselt, kehrt er nicht zurück.
   (Der Kreis erweitert sich; die Menge retiriert;
   Cyrano zu Montfleury.)
   Hinaus!
V i e l e *(nähern sich protestierend).*   Oho!

C y r a n o *(sich energisch umdrehend).*

Wer hat was einzuwenden?
(Abermaliges Zurückweichen.)

E i n e   S t i m m e *(singt im Hintergrund).*
Der Herr von Bergerac
Treibt seinen Schabernack;
Was aber schert uns dies?
Man spielt uns doch Clorise.

D a s   g a n z e   P a r t e r r e *(im Chor singend).*
Clorise! Clorise!

C y r a n o. Wenn dieser ganze Troß nicht schweigt im Nu,
Schlag ich ihn tot.

E i n   B ü r g e r.   Sie spielen Simsons Rolle?

C y r a n o. Ja; nur Ihr Kinnback fehlt mir noch dazu.

E i n e   D a m e *(in den Logen).*
's ist unerhört!

E i n   K a v a l i e r.   Unglaublich!

E i n   B ü r g e r.   Dieser Tolle!

E i n   P a g e. Wie lustig!

D a s   P a r t e r r e.   Kss! – Cyrano! – Montfleury!

C y r a n o. Still!

D a s   P a r t e r r e *(aus Rand und Band).*
Bäh! – Hoho! – Yah! – Huh! – Kikriki!

C y r a n o. Nun denn ...

E i n   P a g e.   Miau!

C y r a n o.   Schweigt still – zum letztenmal!
Ich fordre zum Duell den ganzen Saal!
Schreibt eure Namen ein, ihr jungen Helden!
Ich geb euch Nummern. Einer nach dem andern!
Wohlan, wer will sich für die Liste melden?
(Einzelne ansprechend.)
Sie? Nicht? Und Sie? Der erste tapfre Ringer
Wird ehrenvoll gradaus zum Himmel wandern!
Wer sterben will, der hebe seinen Finger.
(Stille.) Schämt ihr euch, meine Klinge nackt zu sehn?
Kein Finger? – Keine Meldung? – Um so besser!
*(Er wendet sich wieder der Bühne zu, wo Montfleury
ängstlich wartet.)*
Wird dieser Schandfleck nicht von selbst vergehn,
Merz ich ihn aus – *(die Hand am Degen)*
mit dem Chirurgenmesser.

Montfleury. Ich...

Cyrano *(steigt vom Stuhl herunter, setzt sich in die Mitte des Halbkreises, der sich um ihn gebildet hat, und richtet sich häuslich ein).*

Dreimal schlag ich in die Hand; beim dritten
Wirst du verduften.

Das Parterre *(belustigt).* Ah?...

Cyrano *(in die Hände schlagend).*

Eins!

Montfleury.   Ich muß bitten...

Eine Stimme *(in den Logen).*

Hierbleiben!

Das Parterre. Geht er? – Bleibt er?

Montfleury.   Aber...

Cyrano.   Zwei!

Montfleury. Ich halt es für das beste, wenn ich...

Cyrano.   Drei!

(Montfleury verschwindet mit unheimlicher Schnelligkeit. Gelächter und Zischen.)

Das Parterre. Hah! – Komm wieder, Feigling!

Cyrano *(lehnt sich befriedigt, mit gekreuzten Beinen, in seinen Stuhl zurück).*   Er soll's wagen.

Ein Bürger. Der Regisseur!

(Bellerose tritt vor und verneigt sich.)

Stimmen *(in den Logen).*

Bellerose! – Er will was sagen.

Bellerose *(mit Eleganz).*

Verehrte...

Das Parterre. Jodelet soll sprechen!

Jodelet *(tritt vor, komisch näselnd).*   Teure Kälber!

Das Parterre. Bravo! Sehr gut!

Jodelet.   O schlimmer Augenblick!

Der große Mann, der so berühmt wie dick...

Das Parterre. Der Hasenfuß!

Jodelet.   ... Schickt mich...

Das Parterre.   Er komme selber!

Die Einen. Nein!

Die Andern.   Ja!

Ein junger Mann *(zu Cyrano).*

Gab Ihnen Montfleury den Grund

Zum Haß?

C y r a n o *(höflich, während er ruhig sitzen bleibt).*
　　　　Ja, hoffnungsvoller junger Mann.
Pro primo haß ich ihn als miserablen Mimen;
Denn keuchend schleppt er wie ein Karrenhund
Die leichten Verse, denen Flügel ziemen.
Secundo – das geht Sie nichts an.
D e r   a l t e   B ü r g e r *(hinter ihm).*
　　Sie wollen einen Kunstgenuß uns rauben!
　　Das ist ein Unrecht!
C y r a n o *(seinen Stuhl nach dem Bürger umdrehend, respektvoll).*　　　　Wackrer Greis, ein Glück;
Ich schütze Sie vor einem schlechten Stück.
D i e   P r e z i ö s e n *(in den Logen).*
　　Das Stück von unserm Baro! – Soll man's glauben?
　　Empörend!
C y r a n o *(seinen Stuhl nach den Logen drehend, galant).*
　　　　　Schöne Frauen, Himmelslicht,
Herabgesandt, uns Wonnen einzuhauchen,
Bezauberndes Geschlecht, wir Dichter brauchen
Zwar euren Reiz – doch euer Urteil nicht.
B e l l e r o s e. Wer wird das Eintrittsgeld ersetzen?
C y r a n o *(seinen Stuhl nach der Bühne drehend).*
　　　　　　　　　　　　　　Endlich!
Ein sachgemäßes Wort! Denn selbstverständlich:
Nicht schadhaft werden soll der Thespiskarren.
(Er steht auf und wirft eine Börse auf die Bühne.)
　　Da! Fangen Sie das auf! Und nun erledigt!
D a s   P a r t e r r e *(verblüfft).*
　　Ah! Oh!
J o d e l e t *(hat die Börse schnell aufgehoben und wiegt sie in der Hand).* Mein Herr, wer uns so reich entschädigt,
Der halt' uns, wann es ihm beliebt, zum Narren ...
(Das Parterre pfeift.)
J o d e l e t. Und pfeif' uns jeden Abend aus.
B e l l e r o s e *(halblaut zu ihm).*
　　Schick sie doch heim!
J o d e l e t.　　　　Ihr Teuren, geht nach Haus!
*(Man fängt an, aufzubrechen; Cyrano sieht befriedigt zu.
Aber bald staut sich die Menge wieder, indem sie auf den
folgenden Dialog aufmerksam wird. Die Damen, welche
in den Logen schon ihre Mäntel umgenommen haben,*

bleiben stehen, um zuzuhören, und setzen sich schließlich
wieder hin.)

Le Bret *(zu Cyrano).*
Verrückt!

Ein Mißvergnügter *(hat sich Cyrano genähert).*
Das gegen einen Montfleury!
Der Graf Candale beschützt ihn. Haben Sie
Auch einen Gönner?

Cyrano.   Nein.

Mißvergnügter.   Gar keinen?

Cyrano.   Nein.

Mißvergnügter.
Der Ihnen beisteht gegen Ihre Dränger?

Cyrano.
Nein, sagt' ich zweimal schon, und damit fertig!
Mein einz'ger Gönner *(den Degen anfassend)* ist hier
                                        gegenwärtig.

Mißvergnügter.
Dann reisen Sie wohl schleunigst ab?

Cyrano.   Kann sein.

Mißvergnügter. Der Arm Candales ist lang.

Cyrano.   Gewiß nicht länger
Als meiner, *(wieder die Hand am Degen)* wenn er sich
                                        Ergänzung leiht.

Mißvergnügter. Sie rasen, wenn Sie glauben...

Cyrano.   Gut, ich rase.

Mißvergnügter. Jedoch...

Cyrano.   Nun aber marsch!

Mißvergnügter.   Wenn...

Cyrano.   Höchste Zeit! –
Warum betrachten Sie denn meine Nase?

Mißvergnügter *(eingeschüchtert).*
Ich...

Cyrano *(auf ihn losgehend).*
Was erstaunt Sie dran?

Mißvergnügter *(zurückweichend).*
                        Nichts!

Cyrano.   Ist sie weich
Wie'n Rüssel, schlenkert wie ein Perpendikel?

Mißvergnügter *(wie oben).*
Nein!

C y r a n o.   Oder sieht 'nem Reiherschnabel gleich?
M i ß v e r g n ü g t e r. Ich habe ...
C y r a n o.   Sind auf ihrer Spitze Pickel?
M i ß v e r g n ü g t e r. Wenn doch ...
C y r a n o.   Läuft eine Fliege drauf herum?
   Ist's ein Mirakel?
M i ß v e r g n ü g t e r. Ich ...
C y r a n o.   Ein Unikum?
M i ß v e r g n ü g t e r.
   Ich sah sie gar nicht an, versichr' ich Ihnen!
C y r a n o.
   Nicht? Sagen Sie, weshalb Sie das nicht taten!
M i ß v e r g n ü g t e r. Ich ...
C y r a n o.   Ekelt Sie's davor?
M i ß v e r g n ü g t e r.   Herr!
C y r a n o.   Weil zu kränklich
   Die Farbe?
M i ß v e r g n ü g t e r. Herr!
C y r a n o.   Die Formen zu bedenklich?
M i ß v e r g n ü g t e r. Durchaus nicht!
C y r a n o.   Doch ich les in Ihren Mienen,
   Daß Ihnen scheint, sie sei zu groß geraten!
M i ß v e r g n ü g t e r *(stotternd)*.
   Ich finde sie ganz klein, ganz winzig klein.
C y r a n o. Was?! Eine Mißgeburt soll ich gar sein?
   Klein, meine Nase?!
M i ß v e r g n ü g t e r. Gott!
C y r a n o.   Sie ist enorm!
   Vernimm, stumpfnäsiger Mikrocephale,
   Daß ich voll Stolz mit diesem Vorsprung prahle;
   Denn zu erkennen ist an solcher Form
   Der Mann von Geist, Charakter, Edelsinn,
   Von Herz und Mut, kurz alles, was ich bin,
   Und was du nicht bist, du und deinesgleichen,
   Du Jammerlappen! Denn dein blöd Gesicht,
   Dem ich sofort den Backen werde streichen,
   Ist ... *(Er ohrfeigt ihn.)*
M i ß v e r g n ü g t e r. Au!
C y r a n o.   So leer von feuriger Ekstase,
   Von edlen Linien, Schwung und Geisteslicht,
   Von Prachtaufwand, mit einem Wort, von Nase,

Wie jenes ... *(er dreht ihn um und begleitet seine Worte*
mit der Tat) das mein Stiefel jetzt berührt!
M i ß v e r g n ü g t e r *(flüchtend).*
Zu Hilfe!
C y r a n o.   Dieses merke sich ein jeder,
Der mich beehrt mit seines Witzes Proben;
Dem Spötter aber, der ein Wappen führt,
Zahl ich von vorn und etwas weiter oben
Mit einem Stoß von Stahl und nicht von Leder.
G u i c h e *(ist mit den Marquis von der Bühne herabge-*
stiegen).
Er ist recht abgeschmackt!
V a l v e r t *(die Achseln zuckend).*
                                    Er macht sich wichtig.
G u i c h e. Antwortet niemand?
V a l v e r t.   Habe was auf Lager;
Gebt acht; das werd ich ihm versetzen.
(Er geht auf Cyrano zu und pflanzt sich geckenhaft vor
ihm auf.)   Ei,
Sie haben eine sehr ... sehr lange Nase.
C y r a n o.   Richtig.
V a l v e r t *(lacht).*
Ha!
C y r a n o. Weiter nichts?
V a l v e r t.   Wie?
C y r a n o.   Das war etwas mager.
Fällt Ihnen nichts mehr ein? – Mir vielerlei,
Und auch die Tonart läßt sich variieren!
Ausfallend: »Trüg' ich diese Nasenmasse,
Ich ließe sie sofort mir amputieren.«
Freundlich: »Trinkt sie nicht mit aus Ihrer Tasse?
Aus Humpen schlürfen sollten Sie die Suppe.«
Beschreibend: »Felsgeklüfte, Berg und Tal,
Ein Kap, ein Vorland, eine Inselgruppe.«
Neugierig: »Was ist in dem Futteral?
Ein Schreibzeug oder eine Zuckerzange?«
Anmutig: »Sind Sie Vogelfreund, mein Bester,
Und sorgten väterlich mit dieser Stange
Für einen Halt zum Bau der Schwalbennester?«
Zudringlich: »Wenn Sie Tabak rauchen
Und ihr der Dampf entsteigt zum Firmament,

Schreit dann die Nachbarschaft nicht laut: ›Es brennt‹?«
Warnend: »Sie sollten große Vorsicht brauchen;
Sonst zieht das Schwergewicht Sie noch kopfüber.«
Zartfühlend: »Spannen Sie ein Schutzdach drüber;
Weil sonst im Sonnenschein sie bleichen muß.«
Pedantisch: »Das aristophanische Tier
Hippokampelephantokamelus
Trug ganz unfraglich gleiche Nasenzier.«
Modern: »Wie praktisch diese Haken sind,
Um seinen Hut dran aufzuhängen!«
Begeistert: »Wenn sie niest im scharfen Wind,
Braucht nur ein Teil von ihr sich anzustrengen.«
Tragisch: »Ein Turm von Babel, wenn sie schwillt!«
Bewundernd: »Für Odeur welch Aushängschild!«
Lyrisch: »Ist dies die Muschel des Tritonen?«
Naiv: »Wann wird dies Monument besichtigt?«
Respektvoll: »Wird nicht ein jeder Wunsch beschwichtigt
Durch solch ein Häuschen zum Alleinbewohnen?«
Bäurisch: »Potz Donnerschlag, was sagst du, Stoffel?
Zwergkürbis oder riesige Kartoffel?«
Soldatisch: »Dies Geschütz ist schwer beweglich.«
Geschäftlich: »Haben Sie vielleicht im Sinn,
Sie zu verlosen – erster Hauptgewinn?«
Zuletzt im Stil des Pyramus, recht kläglich:
»Weil sie das Gleichmaß im Gesicht getötet,
Ist sie voll Schuldbewußtsein und errötet.« –
Dergleichen hätten Sie zu mir gesagt,
Wenn Sie Gelehrsamkeit und Geist verbänden;
Jedoch von Geist, dem Himmel sei's geklagt,
Ist keine Spur in Ihren Schädelwänden;
Ihr Kopf ist nicht gelehrt und doch so leer!
Und hätten Sie genug Erfindungskraft,
Um hier vor dieser edlen Hörerschaft
Mir all dies Feuerwerk zu bieten und noch mehr,
Dann müßten Sie bereits beim ersten Ton
Vom ersten Wort des ersten Satzes stoppen;
Denn nur mir selbst erlaub ich, mich zu foppen;
Ein anderer kommt nicht ungestraft davon.

G u i c h e *(will den ganz versteinerten Vicomte fortführen)*.
    Komm, laß ihn stehen!
V a l v e r t.   Großtun will so einer!

Das will ein Junger sein! Nicht zu begreifen!
Geht ohne Handschuh, Quasten, Schleifen!

C y r a n o. In meinem Innern bin ich um so feiner.
Den Stutzern, die so teuren Aufputz tragen,
Steh ich an Reinlichkeitsgefühl nicht nach
Und würde nie mich unter Menschen wagen
Mit einer noch nicht abgewaschnen Schmach,
Mit schmutzigem Sinn, schlaftrunkenem Gewissen
Und einem Ruf, der schäbig und zerschlissen.
Ich bin, wenngleich so schmucklos von Gestalt,
Mit Unabhängigkeit und Mut geschmückt;
Zwar hat mich keine Schnürbrust je gedrückt;
Doch in der Brust die Richtschnur gibt mir Halt.
Vollbrachte Taten dienen mir als Bänder;
Den Witz hab ich zum Zierat mir erkoren,
Und ritterlich, bei müßigem Geschlender,
Laß ich die Wahrheit klirren statt der Sporen.

V a l v e r t. Herr, Sie . . .

C y r a n o.   Ja freilich, Handschuh trag ich nicht.
Und weil mit dem nichts anzufangen war,
Warf ich ihn einem Lumpen ins Gesicht.

V a l v e r t. Strolch, Tölpel, Hundsfott, Harlekin!

C y r a n o *(zieht höflich grüßend seinen Hut ab, als ob
Valvert sich ihm vorgestellt hätte).*   Aha?
Und ich bin Savinien Cyrano Herkules
Von Bergerac.
(Gelächter.)

V a l v e r t *(verzweifelt).*
            Narr!

C y r a n o *(stößt einen Schrei aus, als wäre er von einem
Krampf befallen).* Äh!

V a l v e r t *(der nach hinten gehen wollte, dreht sich um).*
            Was sagt er da?

C y r a n o *(mit Grimassen des Schmerzes).*
Rostig ist sie geworden unterdes!
's wird Zeit, daß ich Beschäftigung ihr bringe!

V a l v e r t. Was soll das?

C y r a n o.   Äh, mir kribbelt's in der Klinge.

V a l v e r t *(ziehend).*
Gut!

C y r a n o. Kunstgerecht werd ich Sie nun bedienen.

V a l v e r t *(verächtlich).*
   Poet!
C y r a n o.   Jawohl, Poet – in solchem Grade,
   Daß ich beim Fechten aus dem Stegreif Ihnen
   Eine Ballade dichten will.
V a l v e r t.   Ballade?
C y r a n o.   Sie denken wohl: Was ist das für ein Tier?
V a l v e r t.   Ich ...
C y r a n o *(schulmäßig hersagend).*
        Die Ballade hat drei Strophen von acht Zeilen ...
V a l v e r t *(stampft ungeduldig mit dem Fuße auf).*
   Der Mensch ...
C y r a n o.   Und eine Zueignung von vier.
V a l v e r t.   Sie ...
C y r a n o.   Reim und Stoß werd ich zugleich erteilen.
   Beim letzten Vers die Abfuhr!
V a l v e r t *(spöttisch).*   Oder nicht!
C y r a n o *(deklamierend).*
   »Ballade, welche das Duell betrifft,
   Das Herr von Bergerac ausfocht mit einem Wicht.«
V a l v e r t.   Herr, was bedeutet das?
C y r a n o.   Die Überschrift.
D i e   M e n g e *(in größter Spannung und Erregung).*
   Platz da! – Sehr lustig! – Drängt nicht! – Haltet Ruh!
   (Gruppe. Kreis von Neugierigen im Parterre, die Mar-
   quis und Offiziere vermischt mit den Bürgern und Leu-
   ten aus dem Volk; Pagen sind andern auf die Schultern
   geklettert, um besser sehen zu können. Alle Damen vorn
   an den Logenbrüstungen. Rechts im Vordergrund Guiche
   und sein Gefolge. Links Le Bret, Ragueneau, Cuigy.)
C y r a n o *(nachdem er einen Augenblick nachdenkend die*
   Augen geschlossen).
   So! Kopf und Arm sind nun bereit. – Nur zu!
   (Er begleitet alles, was er sagt, mit den entsprechenden
   Handlungen.)
        Abseits werf ich meinen Filz
        Und, damit ich Luft mir schaffe,
        Auch den Mantel; denn nun gilt's.
        Rüstiger als ein Schlaraffe
        Greif ich meine blanke Waffe,
        Und zu meinem Gegner sprech ich:

Sieh dich vor, geputzter Affe!
Denn beim letzten Verse stech ich.

(Sie beginnen zu fechten.)

In Ermangelung edlern Wilds
Wünsch ich, daß ein Stich dir klaffe
In der Leber oder Milz.
Schau, mein Arm, der kräftig straffe,
Strebt nun, daß er dich erraffe.
Mein verhöhntes Antlitz räch ich,
Daß es keiner mehr begaffe;
Denn beim letzten Verse stech ich.

Wirst du grünlich wie ein Pilz?
Gleich der zitternden Giraffe
Muster eines Jammerbilds!
Zeigst du, daß dein Mut erschlaffe,
Eh' mein Pulver ich verpaffe?
Heut dein warmes Herzblut zech ich
Aus kristallener Karaffe;
Denn beim letzten Verse stech ich.

(Feierlich ankündigend.)

Zueignung.
Beichte schnell! Wo ist ein Pfaffe?
Deinen Widerstand zerbrech ich:
Finte! Quart! *(Zustoßend.)* Da hast du's, Laffe!
(Valvert schwankt; Cyrano mit eleganter Verbeugung.)
Denn beim letzten Verse stech ich.

*(Beifallsrufe. Händeklatschen in den Logen. Blumen und
Taschentücher werden heruntergeworfen. Die Offiziere
umringen Cyrano beglückwünschend. Ragueneau tanzt
vor Begeisterung. Le Bret ist stolz und betrübt zugleich.
Valvert wird von seinen Freunden gestützt und hinaus-
geführt.)*
Die Menge *(in einem langen Schrei).*
   Ah!
Ein Chevauxleger. Prachtvoll!
Eine Dame.   Reizend!
Ein Marquis.   Neu!

R a g u e n e a u.   Pyramidal!
L e B r e t.
 Wahnsinnig!
V i e l e *(drängen sich um Cyrano. Man hört abgerissen).*
          Glückwunsch ... Kompliment ... Genial ...
S t i m m e e i n e r D a m e. Ein Heros!
E i n M u s k e t i e r *(nähert sich lebhaft Cyrano, ihm die
 Hand entgegenstreckend).*   Darf ich Ihre Hände drücken?
 Ich bin ein Fachmann; aber diese Quart ...!
 Ich habe laut getrampelt vor Entzücken.
C y r a n o *(zu Cuigy).*
 Wer war das?
C u i g y.   D'Artagnan.
L e B r e t *(Cyrano unterm Arm fassend).*
               Nun höre!
C y r a n o.   Wart!
 (Zu Bellerose.)
 Ich bliebe gern, bis dieser Schwarm zerstoben.
B e l l e r o s e *(respektvoll).*
 Oh, bitte!
 (Man hört Lärm auf der Straße.)
J o d e l e t *(hat nachgesehen).*
          Montfleury wird ausgelacht.
B e l l e r o s e. Sic transit!
 (In anderem Ton zum Portier und zu dem Auslöscher.)
                    Scheuert! Löscht nur einen Teil
 Der Lichter! Denn wir essen schnell zur Nacht,
 Um später noch ein neues Stück zu proben.
 *(Jodelet und Bellerose verbeugen sich mehrmals tief vor
 Cyrano und gehen.)*
P o r t i e r *(zu Cyrano).*
 Sie speisen nicht?
C y r a n o.   Ich? – Nein.
 (Der Portier geht nach hinten.)
L e B r e t.   Warum nicht?
C y r a n o *(stolz).*   Weil ...
 *(Nachdem er sich umgesehen und konstatiert hat, daß der
 Portier nicht mehr hören kann, in verändertem Ton.)*
 Ich hab kein Geld.
L e B r e t *(die Geste nachahmend, mit welcher Cyrano den
 Beutel geworfen).*   Die Börse?

C y r a n o.   Sei nicht bös ...
   Mein ganzer Monatszuschuß war darin.
L e B r e t. Nichts blieb dir?!
C y r a n o.   Nichts.
L e B r e t.   Und alles warfst du hin!
C y r a n o. Alles!
L e B r e t.   Wie töricht!
C y r a n o.   Aber wie pompös!
B ü f e t t d a m e *(hinter ihrem kleinen Büfettisch, hustet).*
   Hm!
   *(Cyrano und Le Bret drehen sich um. Sie nähert sich
   ihnen schüchtern.)*
            Herr ... Verzeihung ... Wenn Sie hungrig sind ...
   (Auf das Büfett zeigend.)
   Ich bitte ... *(eifrig)* nehmen Sie!
C y r a n o *(den Hut abnehmend).*
                        Mein gutes Kind,
   Nie würde mein Gascogner Stolz erlauben,
   Daß Ihre Güte mir den Imbiß schenke;
   Doch weil ich fürchte, daß ich sonst Sie kränke,
   Drum nehm ich ... *(er geht zum Büfett und wählt aus)*
                        eine Beere dieser Trauben ...
   *(Sie will ihm die ganze Traube geben; er pflückt eine
   Beere.)*
   Nur eine! ... dieses Glas voll Wasser ...
   (Sie will Wein zugießen; er hindert sie daran.)
                                    pur!
   ... Und dies Makrönchen – halb!
   (Er gibt ihr die andere Hälfte zurück.)
L e B r e t.   Der Unverstand!
B ü f e t t d a m e *(drängend).*
   Noch etwas!
C y r a n o.   Einen Kuß auf Ihre Hand!
   *(Er küßt die ihm dargebotene Hand, als wäre sie die
   einer Prinzessin.)*
B ü f e t t d a m e.
   Ich danke. *(Mit einem Knicks.)* Gute Nacht.
   (Sie geht ab.)

Fünfter Auftritt

   Cyrano. Le Bret. Dann der Portier.

C y r a n o *(zu Le Bret).*   Jetzt rede nur.
*(Er installiert sich vor dem Büfett, legt die Makrone vor
sich hin.)*
Hier Speise ... *(Er stellt daneben das Glas Wasser.)*
         Trank ... *(Er legt daneben die Trauben-
beere.)*   Dessert! *(Er setzt sich.)*
                    Und nun zu Tisch. –
Ach ja, mein Hunger, Freund, war mörderisch.
(Essend.)
Nun also?
L e B r e t. Fürchten muß ich, daß dir heute
Der Geckenschwarm das klare Denken stahl.
Doch forsche nur, wie auf vernünft'ge Leute
Dein toller Streich gewirkt hat!
C y r a n o *(seine Makrone kauend).* Kolossal.
L e B r e t. Der Kardinal indes ...
C y r a n o *(befriedigt).*   War der zugegen?
L e B r e t. Er fand gewiß den Vorfall ...
C y r a n o.   Grandios!
L e B r e t. Jedoch ...
C y r a n o.   Er dichtet selbst. Drum freut ihn zweifellos,
Daß ich gestört das Stück des Herrn Kollegen.
L e B r e t. Du machst dir neue Feinde Schlag auf Schlag.
C y r a n o *(die Traubenbeere essend).*
Wie viele schuf mir wohl der heut'ge Tag?
L e B r e t. Fünfzig, die Damen nicht gezählt.
C y r a n o.   Das wären?
L e B r e t. Guiche, Baro, Montfleury, Valvert, die ganze
Akademie ...
C y r a n o.   Fürwahr, das ist mir lieb!
L e B r e t. Wo soll das hin? Willst du mir nicht erklären,
Was dir ...
C y r a n o. Ich drehte mich im Zirkeltanze
Planlos umher; nun hab ich ein Prinzip!
L e B r e t. Prinzip?
C y r a n o.   Das steht für mich in Erz gegraben:
Ich will erhaben sein, schlechtweg erhaben.

L e B r e t *(achselzuckend).*
Gut! – Doch dein Zorn auf Montfleury? Sag ehrlich:
Was ist sein Grund?
C y r a n o *(aufstehend).*   Der Fettkloß, der schon lang
Nicht mit der Hand mehr kann zum Nabel reichen,
Glaubt fest, er sei für Frauen noch gefährlich,
Froschäugig zwinkernd ihnen Liebeszeichen.
Ich aber haß ihn, seit sein Blick sich mühte,
Ihr zu begegnen, die ... Mir kam es vor,
Als kröch' ein Mehlwurm über eine Blüte.
L e B r e t *(höchst erstaunt).*
Ist's möglich, Freund ...?
C y r a n o *(mit bitterem Lächeln).*
                        Daß ich mein Herz verlor?
(In anderem Ton, sehr ernst.)
Es ist.
L e B r e t. Und sprachst kein Wort? Noch faß ich kaum ...
C y r a n o. Es ist. – Nun denke! Mir wird jeder Traum,
Es könne selbst die Häßlichste mich lieben,
Durch dieses Nasenungetüm vertrieben,
Und doch – wie hätt' ich anders denn gekonnt? –
Hab ich der Schönen Schönste mir erlesen!
L e B r e t. Die Schönste?
C y r a n o.   Ja, von allen, die gewesen,
War keine je so hold, so zart, *(mit Niedergeschlagenheit)*
                                      so blond!
L e B r e t. Mein Gott, wer ist sie denn?
C y r a n o.   Ein süß Verhängnis,
Das ahnungslos vernichtet und belebt,
Ein Fallstrick der Natur, den zur Bedrängnis
Die Liebesgötter rosig uns gewebt!
Ihr Lächeln ist das Paradies auf Erden.
Sie legt noch Anmut in ein Nichts und zeigt
Sich gottgleich in Bewegung und Gebärden;
Sie schwebt in ihren Wagen und sie schreitet
Leichter, als Venus in die Muschel steigt
Und als Diana durch die Wälder gleitet!
L e B r e t. Potz Wetter, ist es ...?
C y r a n o.   Brauch ich sie zu nennen?
L e B r e t. Madeleine Robin?
C y r a n o.   Roxane.

Le Bret.   Deine Base!
  Du liebst sie? Gut! Du mußt es ihr bekennen.
  Sie war ja Zeugin deiner Tapferkeit.
Cyrano. Schau mich doch an und gib mir dann Bescheid,
  Wie viele Hoffnung dieses Trumm von Nase
  Mir übrig läßt! Ich bin nicht so verblendet. –
  In schwachen Stunden zwar, wenn heitrer Abend
  Aus einem Park mir seine Düfte labend
  In dieses große Riechorgan entsendet
  Und ich beim Strahl des Mondes muß erlauschen,
  Wie Liebespärchen Flüsterworte tauschen,
  Dann denk ich mir: es wäre doch ergötzlich,
  Im Vollmond, Arm in Arm, ein Schäferspiel;
  Ich schwärme, werde kühn ... und sehe plötzlich
  Als Schatten an der Mauer mein Profil.
Le Bret *(gerührt).*
  Mein Freund ...
Cyrano.   Mein Freund, oft quält mich's unermeßlich,
  Daß ich so wüst bin; manchmal bis zum ...
Le Bret *(seine Hand ergreifend).*   Weinen?
Cyrano. O niemals! Nie! Das wäre gar zu häßlich,
  Wenn salz'ge Flut auf dieses Monstrum ränne.
  Nie darf, solang ich noch mich selber kenne,
  Der Tränen lautre Schönheit sich vereinen
  Mit solcher Ungestalt. Denn, wohlbedacht,
  Nichts ist ja heiliger als Menschenzähren;
  Für einen Frevler würd' ich mich erklären,
  Hätt' ich nur eine lächerlich gemacht.
Le Bret. Laß ab von dieser Schwermut. Lieb' ist blind.
Cyrano *(den Kopf schüttelnd).*
  Venus schwärmt für Adonis; Dido freit
  Aeneas. Hatten die viel Ähnlichkeit
  Mit mir?
Le Bret.   Dein Mut! Dein Geist! – Ein hübsches Kind
  Bot dir soeben Trank und Speise dar.
  Sieht das etwa besondrem Abscheu gleich?
Cyrano *(betroffen).*
  Nein, nein ...
Le Bret.   Da hast du's! – Und Roxane war
  Ganz bleich bei deinem Zweikampf.
Cyrano.   Sie war bleich?

L e B r e t. Wenn ihr Verstand und Herz dir Beifall zollen,
Was hast du noch zu fürchten?
C y r a n o.   Ihren Spott!
P o r t i e r *(auftretend, zu Cyrano).*
Herr, eine Dame bittet ...
C y r a n o *(die eintretende Duenna erblickend).*
                                   O mein Gott!
Ihre Begleiterin! Was mag sie wollen?

Sechster Auftritt

Vorige. Die Duenna.

D u e n n a *(mit einem tiefen Knicks).*
Man wüßte gern, wo man geheim und still
Den tapfren Vetter sprechen kann.
C y r a n o *(verwirrt).*   Mich sprechen?!
D u e n n a *(wieder knicksend).*
Jawohl. Man will ...
C y r a n o.   Was will man?
D u e n n a *(abermals knicksend).*   Kurz, man will.
C y r a n o *(wankend).* Mein Gott!
D u e n n a.   Beginnt der Morgen anzubrechen,
Dann wird man in die Kirche gehn, zur Messe.
C y r a n o *(sich auf Le Bret stützend).*
Mein Gott!
D u e n n a. Wo träfe man sich in der Näh'?
C y r a n o *(kaum der Sprache mächtig).*
Bei ... Himmel!
D u e n n a.   Schnell!
C y r a n o.   Ich will nur überlegen ...
D u e n n a. Wo?
C y r a n o.   Bei ... bei Ragueneau ... dem Koch ...
D u e n n a.   Adresse?
C y r a n o. In ... Himmel! ... in der Rue Saint-Honoré.
D u e n n a *(aufbrechend).*
Um sieben ist man dort.
C y r a n o.   Ich bin zugegen.
(Duenna ab.)

Siebenter Auftritt

> *Cyrano. Le Bret. Dann Schauspieler, Schauspielerinnen,*
> *Cuigy, Brissaille, Lignière, der Portier, die Geiger.*

C y r a n o *(sich in Le Brets Arme stürzend).*
> Sie! Mir! – Ein Stelldichein!
L e B r e t.   Gibt das dir Mut?
C y r a n o. Zum mindesten bemerkt sie, daß ich lebe!
L e B r e t. Bist du nun ruhig?
C y r a n o.   Ruhig? Nein, ich bebe
> Vor lauter Tatendrang; heiß kocht mein Blut!
> Ein ganzes Heer will ich zum Feind erkiesen;
> Denn Herz und Arm fühl ich verzwanzigfacht!
> Nicht Zwerge mehr durchbohr ich ... *(brüllend)* sondern
>   Riesen!
> *(Inzwischen sind auf der Bühne, im Hintergrund, die*
> *Schatten von Schauspielern sichtbar geworden, die sich*
> *dort hin und her bewegen und flüstern. Man beginnt*
> *eine Probe. Die Geiger haben ihren alten Platz wieder*
> *eingenommen.)*
E i n e S t i m m e *(von der Bühne aus).*
> Pst! Hier ist Probe. Keinen Lärm gemacht!
C y r a n o *(lachend).*
> Wir gehn.
> *(Er macht einige Schritte nach hinten. Durch die große*
> *Mitteltür kommen Cuigy, Brissaille und mehrere Offi-*
> *ziere, welche den vollständig betrunkenen Lignière füh-*
> *ren.)*
C u i g y.   Cyrano!
C y r a n o.   Was?
C u i g y.   Ein Murmeltier
> Fing sich im Netz.
C y r a n o *(ihn erkennend).*
>   Lignière! – Was willst du hier?
C u i g y. Er sucht dich ...
B r i s s a i l l e.   Weil er nicht nach Hause kann.
C y r a n o. Warum nicht?
L i g n i è r e *(ihm ein ganz zerknittertes Billett zeigend,*
> *mit lallender Stimme).*
>   Dieses Briefchen ... Hundert Mann,

Die bei der Porte de Nesle ... mir meiner Verse wegen
Auf meinem Heimweg ... nach dem Leben trachten. –
Kann ich ... kann ich bei dir heut übernachten?
C y r a n o. Hundert? – Du sollst daheim dich schlafen
                                                legen!
L i g n i è r e *(angstvoll).*
Indessen ...
C y r a n o *(mit schrecklicher Stimme).*
            Fürchte nichts!
*(Er deutet auf die angezündete Laterne, die der Portier,
neugierig zuhörend, in der Hand schaukeln läßt.)*
C y r a n o.   Nimm die Laterne!
(Lignière gehorcht.)
Ich will dich schützen, wenn Gefahr dir dräut!
(Zu den Offizieren.)
Folgt uns als Zeugen; aber nur von ferne!
C u i g y. Doch hundert Mann ...!
C y r a n o.   So viele brauch ich heut!
*(Die Schauspieler und Schauspielerinnen sind in ihren
Kostümen von der Bühne herabgestiegen und nähern
sich den Sprechenden.)*
L e B r e t.
Weshalb beschützest du ...
C y r a n o.   Kommst du mir auch?
L e B r e t. Den Saufkumpan?
C y r a n o *(Lignière auf die Schulter klopfend).*
                        Weil dieser Saufkumpan,
Dies alte Spritfaß, dieser Branntweinschlauch,
Einst etwas Wunderschönes hat getan:
Bemerkend, wie sein Lieb im Gotteshaus
Sich fromm besprengte mit geweihtem Wasser,
Lief er, des Wässrigen geschworner Hasser,
Geschwind zum Kessel hin und trank ihn aus.
E i n e S c h a u s p i e l e r i n *(im Soubrettenkostüm).*
Ach, das ist hübsch!
C y r a n o.   Nicht wahr, Fräulein Soubrette?
D i e S c h a u s p i e l e r i n *(zu den anderen).*
Warum verfolgt man diesen armen Dichter?
C y r a n o. Vorwärts! *(Zu den Offizieren.)*
                        Doch bleibt entfernt, damit die Wichter
Nicht glauben, daß ich Beistand nötig hätte!

Eine andere Schauspielerin *(von der Bühne*
herunterspringend).
Das muß ich sehn!
Cyrano.   Marsch!
Eine dritte Schauspielerin *(herunterspringend,*
zu einem alten Schauspieler).

Kommst du mit, Cassander?

Cyrano. Ja, Kinder, folgt mir alle miteinander!
Als leichtbeschwingte, tolle Bienenschwärme
Sollt ihr dem spanischen Drama zugesellen
Den italienischen Schwank, und sollt im Lärme
Des Kampfes klingeln mit den Narrenschellen.
Alle Damen *(vor Freude hüpfend).*
Bravo! – Mein Kopftuch – meinen Schal!
Jodelet.   Hurra!
Cyrano *(zu den Geigern).*
Und Ihre Geigen spielen uns den Tusch.
(Die Geiger schließen sich dem Zuge an, der sich nun bil-
det. Man bemächtigt sich der an der Bühnenrampe bren-
nenden Kerzen und verteilt sie wie zu einem Fackelzug.)
Das kostümierte Völkchen hinterdrein,
Und zwanzig Schritt voraus ... *(er plaziert sich dem-*
entsprechend)   ich ganz allein,
Glorreich umweht von meinem Federbusch,
Stolz wie mein Urbild Scipio Nasica! –
Beispringen darf mir niemand, was auch immer
Geschieht! – Nun, Pförtner, öffnen Sie das Tor!
(Der Portier öffnet die beiden Flügel der Mitteltür. Ein
malerischer, mondbeschienener Winkel des alten Paris
wird sichtbar.)
Da liegt Paris im näcct'gen Nebelflor,
Die Dächer blau beglänzt vom Mondesschimmer;
Der Seine Zauberspiegel bebt im Wind
Und läßt den Widerschein der dunst'gen Lichter
Erzittern! Gibt es schönere Kulissen?
Der Vorhang geht nun auf; das Stück beginnt!
Alle. Zur Porte de Nesle!
Cyrano *(in der Tür stehend).* Zur Porte de Nesle!
(Sich noch einmal umwendend, zur Soubrette.)

Zu wissen

Verlangten Sie, mein Kind, warum sich hundert Mann

Verschworen gegen einen armen Dichter?
(Er zieht seinen Degen; in ruhigem Ton.)
Weil er mein Freund ist. *(Zu den übrigen.)* Folgt!

                                     Ich geh voran.
(Er geht ab. Der Zug setzt sich, unter dem Klang der Geigen und im Schein der Kerzen, in Bewegung; Lignière, hin und her schwankend, an der Spitze; die Schauspielerinnen Arm in Arm mit den Offizieren; zuletzt die Schauspieler, Luftsprünge machend.)

Zweiter Aufzug

Die Garküche der Poeten

Der Laden Ragueneaus, an der Ecke der Rue Saint-Honoré und der Rue de l'Arbre-Sec; das breite Glasfenster der Eingangstür gewährt den Ausblick auf diese noch in die Dämmerung des frühen Morgens gehüllten Straßen.

Links vorn das Kontor, überragt von einem schmiedeeisernen Baldachin, an welchem Gänse, Enten und weiße Pfauen aufgehängt sind. In großen Fayencevasen hohe Sträuße von Feldblumen (hauptsächlich gelbe Sonnenblumen). Auf derselben Seite, etwas weiter hinten, riesiger Kamin, vor welchem, zwischen mächtigen Feuerböcken, deren jeder einen kleinen Kochtopf trägt, die Braten in den Pfannen schmoren.

Rechts vorn eine Tür. Dahinter eine Treppe, zu einem Hängeboden führend, dessen Innenraum durch offenstehende Türflügel sichtbar ist; dort steht ein gedeckter Tisch, und brennt ein kleiner flämischer Kronleuchter.

Eine hölzerne Galerie schließt sich, nach hinten zu, an die Treppe an und scheint zu anderen ähnlichen Separatzimmerchen zu führen.

In der Mitte der Bühne, an der Decke, ein großer eiserner Ring, der mit einem Strick heruntergelassen werden kann, und an dem große Stücke Wildbret befestigt sind.

Die Backöfen unter der Treppe glühen durch das Halbdunkel; die Kupfergeschirre funkeln; Bratspieße drehen sich herum. Große Aufsätze türmen sich empor. Schinken hängen allenthalben.

Eilfertige Bedienstete wimmeln umher, stattliche Köche und winzige Küchenjungen; die Mützen von vielen sind geschmückt mit Hühnerfedern oder Perlhuhnflügeln. Auf Blechplatten und in Weidenkörben werden gewaltige Vorräte von Backwerk aller Art herbeigetragen.

Mehrere Tische, bedeckt mit Schüsseln und Kuchen; andere, von Stühlen umgeben, sind für die Gäste bestimmt. Ein kleiner Tisch, in einem Winkel, ist mit Papieren überhäuft. Dort sitzt Ragueneau beim Aufgehen des Vorhangs und schreibt.

Erster Auftritt

>   *Ragueneau. Köche. Dann Lise. Ragueneau schreibt an
>   dem kleinen Tisch, voll Inspiration die Verse an den
>   Fingern abzählend.*

E r s t e r K o c h *(mit einem Aufsatz).*
    Fruchtaufsatz!
Z w e i t e r K o c h *(mit einer Platte).*
                    Krapfen!
D r i t t e r K o c h *(mit einem blumengeschmückten Braten).*
                    Pfau!
V i e r t e r K o c h *(mit einem Kuchenblech).*
                    Biskuit!
F ü n f t e r K o c h *(mit einer Terrine).*
                        Pasteten!
R a g u e n e a u *(von seinem Manuskript aufsehend).*
    Aurora schwebt empor. Nun, Ragueneau,
    Erstick in dir den schwärmenden Poeten!
    Leg fort die Leier; denn dich ruft – der Ofen!
    (Aufstehend, zu einem Koch.)
    An dieser Soße fehlen ein paar Strophen.
D e r K o c h. Wie?
R a g u e n e a u.   Dichte sie hinzu!
    (Er geht zum Kamin.)   Die Muse floh,
    Damit nicht, von dem Küchenrauch bedroht,
    Ihr zartes Götterauge Schaden litte.
    (Zu einem Bäcker, auf ein Brot deutend.)
    Falsch angebracht ist dieser Spalt im Brot;
    Denn die Zäsur gehört stets in die Mitte.
    *(Zu einem andern, ihm eine unvollendete Pastete zei-
    gend.)* Vergiß nicht, auf dies Haus ein Dach zu tun.
    *(Zu einem Lehrjungen, welcher, auf der Erde sitzend, Ge-
    flügel anspießt.)*
    Und du, mein Söhnchen, laß an dieser Stange
    Abwechseln mit dem schlicht bescheidnen Huhn
    Den stolzen Truthahn, wie Malherbe in freier
    Abwechslung kurze Verse schrieb und lange,
    Und dreh sie fleißig um, bis sie sich reimen.
E i n a n d e r e r L e h r j u n g e *(sich ihm mit einer Platte
    nähernd, die mit einer Serviette zugedeckt ist).*

Dies, Meister, hab ich Ihnen im geheimen
Gemacht, als Überraschung!
*(Er hebt die Serviette auf, man sieht eine große Leier
aus Backwerk.)*
R a g u e n e a u.   Eine Leier!
L e h r j u n g e. Aus Butterteig.
R a g u e n e a u *(gerührt)*.   Und rings kandierte Früchte!
L e h r j u n g e. Die Saiten sind aus Zucker.
R a g u e n e a u *(ihm Geld gebend)*.   Nimm zum Lohn...
(Er sieht Lise eintreten.)
Still! Meine Frau! Verbirg das Geld und flüchte!
*(Zu Lise, mit etwas verlegenem Gesicht ihr die Leier
zeigend.)*
Hübsch, nicht wahr?
L i s e.   Abgeschmackt!
(Sie legt auf das Kontor einen Stoß von Papiertüten.)
R a g u e n e a u.   Was bringst du? Düten?
(Er betrachtet sie.)
Gott! Meiner Freunde Bücher! Welch ein Hohn:
Zerfetzt, zerrissen ihres Geistes Blüten,
Zum schnöden Umschlag für Konfekt vernichtet!
Du treibst es, wie mit Orpheus die Mänaden.
L i s e *(trocken)*.
Was gehn mich deine Kleckser an? Sei froh,
Wenn ich derart das einzige verwerte,
Womit das Pack die Zeche dir entrichtet.
R a g u e n e a u. Ameise, schmähe nicht die göttlichen
                                        Zikaden!
L i s e. Ich war dir, eh' dies Volk bei uns verkehrte,
Ameise nicht, und nicht Mänade!
R a g u e n e a u.   So
Mit Versen umzugehn!
L i s e.   Um Geld zu sparen.
R a g u e n e a u. Wie denkst du dann mit Prosa zu
                                        verfahren?!

Zweiter Auftritt

Vorige. Zwei Kinder, durch die Eingangstür.

R a g u e n e a u. Was wünscht ihr, Kinder?
E r s t e s K i n d.   Drei Pastetchen.
R a g u e n e a u *(sie bedienend).*   Hier.
Recht braun und heiß.
Z w e i t e s K i n d.   Einwickeln, bitte!
R a g u e n e a u *(erschreckt, für sich).*   Weh!
Der Mord beginnt!
(Zu den Kindern.)   Einwickeln? In Papier?
*(Er nimmt eine Tüte; im Begriff, die Pastetchen hinein-
zutun, liest er.)*
»Als Held Ulysses nun verließ Penelope . . .«
Nicht dies!
*(Er legt die Tüte beiseite, nimmt eine andere, dasselbe
Spiel wie oben.)*
                »Gott Phöbus stieg . . .« Auch dieses nicht.
L i s e *(ungeduldig).*
Nun? Wird's bald?
R a g u e n e a u.   Gleich; sogleich! Ich will nur wissen . . .
(Er nimmt eine dritte; resigniert.)
Das Lied an Phillis! – Schwer ist der Verzicht.
L i s e *(achselzuckend).*
Ein Glück, daß er sich endlich losgerissen!
*(Sie steigt auf einen Stuhl und ordnet die Schüsseln auf
einer Kredenz.)*
R a g u e n e a u *(hält, sobald sie ihm den Rücken dreht,
die Kinder an der Türe auf).*
Pst! – Gebt das »Lied an Phillis« mir zurück
Und nehmt dafür zwei Hände voll Konfekt!
*(Die Kinder geben ihm die Tüte wieder, greifen eifrig
nach dem Konfekt und gehen hinaus. Ragueneau entfal-
tet und glättet das Papier; liest.)*
»Phillis . . .« Der holde Name fettbefleckt!

Dritter Auftritt

Ragueneau. Lise. Cyrano. Dann ein Musketier.

C y r a n o *(eilig eintretend).*
    Was ist die Uhr?
R a g u e n e a u *(ihn diensteifrig begrüßend).*
                            Schlag sechs.
C y r a n o *(erregt).*   Noch eine Stunde.
    (Er geht auf und ab.)
R a g u e n e a u *(ihm folgend).*
    Bravo! Ich sah ...
C y r a n o.   Was denn?
R a g u e n e a u.   Ihr Heldenstück! –
C y r a n o. Welches?
R a g u e n e a u.   Den Zweikampf!
C y r a n o *(geringschätzig).*   Das Duellchen? Ei!
R a g u e n e a u *(bewundernd).*
    Ja, das Duell in Versen.
L i s e.   Stets im Munde
    Führt er Ihr Lob.
C y r a n o.   Ach, das war Spielerei.
R a g u e n e a u *(mit einem Bratspieß, den er ergriffen hat,
    ausfallend).* »Denn beim letzten Verse stech ich.« –
    »Beim letzten Verse stech ich.« – Wunderbar!
    (Mit wachsendem Enthusiasmus.)
    »Beim letzten ...«
C y r a n o.   Wieviel Uhr ist?
R a g u e n e a u *(in der Ausfallstellung nach der Uhr se-
    hend).*   Fünf Minuten
    Nach sechs. *(Sich aufrichtend.)*
                Oh – »Milz« und »Pilz«, welch Reimepaar!
L i s e *(zu Cyrano, der, an ihrem Kontor vorübergehend,
    ihr zerstreut die Hand gegeben hat).*
    Was haben Sie an Ihrer Hand? Sie bluten?
C y r a n o. Ach, nur geritzt!
R a g u e n e a u.   Ein Abenteuer!
C y r a n o.   Nein!
L i s e *(ihm mit dem Finger drohend).*
    Mir scheint, Sie lügen.
C y r a n o.   Zuckt mein Nasenloch?

Dann müßt' es eine Riesenlüge sein!
(In anderem Ton.)
Falls jemand kommt, den ich erwarte, bitt ich,
Daß man allein uns läßt.
Ragueneau.   Gern; bald jedoch
Sind meine Dichter hier ...
Lise.   Zur Fütterung.
Cyrano.   Gleichviel! –
Wie spät nun?
Ragueneau.   Sechs Uhr zehn.
Cyrano *(setzt sich nervös an Ragueneaus kleinen Tisch
und nimmt einen Bogen Papier).*   Schnell einen Kiel
Zum Schreiben!
Ragueneau *(ihm die Feder anbietend, die er hinterm
Ohr stecken hat).*   Hier! Von einem Schwanenfittich.
Ein Musketier *(mit einem stolzen Schnurrbart tritt
ein und sagt mit Stentorstimme).*
Grüß Gott!
(Lise geht lebhaft auf ihn zu.)
Cyrano *(sich umdrehend).*
              Wer ist denn das?
Ragueneau.   Ein Eisenfresser.
Freund meiner Frau.
Cyrano *(ergreift wieder die Feder und winkt Rague-
neau, sich zu entfernen).*
              Still! – *(Für sich.)* Schriftlich – das geht besser ...
Den Brief ihr geben und dann fliehn ...
(Die Feder hinwerfend.)   Wie feige!
Doch eher sterb ich, als ...
(Zu Ragueneau.)   Wie spät?
Ragueneau.   Ein Viertel sieben.
Cyrano *(für sich).*
Als daß ich redend ihr mein Innres zeige.
Doch schreibend – ja! *(Er greift wieder zur Feder.)*
                    Drum werd er jetzt geschrieben,
Der Liebesbrief, den ich mit jedem Hauche
Der Seele hundertfältig aufgesetzt
Und der so fertig ist, daß ich ihn jetzt
Auf diesem Blatt nur zu kopieren brauche.
*(Er schreibt. – Hinter dem Glasfenster der Tür sieht man
magere Silhouetten sich bewegen.)*

Vierter Auftritt

Vorige. Die Poeten, schwarz gekleidet, mit schlottrigen,
von Straßenschmutz bespritzten Strümpfen.

L i s e *(zu Ragueneau).*
Da kommt die schmierige Bande!
E r s t e r P o e t *(eintretend, zu Ragueneau).*   Freund!
Z w e i t e r P o e t *(ebenso, ihm die Hände schüttelnd).*
                                                 Kollege!
D r i t t e r P o e t. Krone der Bäcker!
(Er schnuppert.)   Hier riecht's wundervoll!
V i e r t e r P o e t. Phöbus am Herd!
F ü n f t e r P o e t.   Kochkundiger Apoll!
R a g u e n e a u *(umringt, umarmt, bei den Händen ge-*
schüttelt).
Man merkt doch gleich die feine Geistespflege!
E r s t e r P o e t.
Der Volkschwarm, der die Porte de Nesle umstellt,
Ließ uns nicht durch ...
Z w e i t e r P o e t.   Dort auf dem Pflaster lagen
Acht Strolche, blutend und erschlagen.
C y r a n o *(einen Augenblick den Kopf hebend).*
Acht? – Sieben zählt' ich nur. *(Er schreibt weiter.)*
R a g u e n e a u *(zu Cyrano).* Wer war der Held?
Sie wissen's wohl?
C y r a n o *(gleichgültig).*
                    Ich? – Nein.
L i s e *(zum Musketier).*   Und Sie?
M u s k e t i e r *(seinen Schnurrbart drehend).* Vielleicht.
C y r a n o *(murmelt von Zeit zu Zeit beim Schreiben ein*
Wort vor sich hin).
»Ich liebe dich ...«
E r s t e r P o e t.   Man sagt: ein einz'ger Mann
Verjagte hundert!
Z w e i t e r P o e t. Einem Schlachtfeld gleicht
Der Boden: Stöcke, Waffen ...
C y r a n o *(schreibend).*   »Hör mich an ...«
D r i t t e r P o e t. Und herrenlose Hüte weit verstreut.
E r s t e r P o e t. Das muß ein toller Bursch sein ...
C y r a n o.   »Deine Wangen ...«

Erster Poet.
Ein Kerl, der nicht einmal den Satan scheut!

Cyrano.
»Dein Blick erfüllt mich so mit Furcht und Bangen ...«

Zweiter Poet *(einen Kuchen eskamotierend, zu Ra-*
gueneau).
Schriebst du was Neues?

Cyrano.   Namenszug ...
(Im Begriff, zu unterzeichnen, hält er inne, steht auf und
steckt den Brief in sein Wams.)   Doch nein;
Ich selber werde ja den Brief ihr geben.

Ragueneau *(zum zweiten Poeten).*
In Verse bracht' ich ein Rezept soeben.

Dritter Poet *(sich neben einer Platte voll Rahm-*
törtchen installierend).
Lies vor!

Vierter Poet *(einen Zwieback, den er sich genommen*
hat, betrachtend).
              Der Zwieback scheint nicht viel zu taugen.
(Er beißt hinein.)

Erster Poet. Dies Zuckerbrot gab mir ein Stelldichein
Und lacht mich an mit süßen Mandelaugen.
(Er nimmt es.)

Zweiter Poet. Wir hören.

Dritter Poet *(hat ein Törtchen ergriffen).*
              Täglich backt er feinre Sorten.

Erster Poet *(zum vierten, ihn mit dem Ellbogen an-*
stoßend).
Schmeckt's gut?

Vierter Poet *(zum ersten).*
              Und dir?

Ragueneau *(hat zur Vorbereitung sich geräuspert, seine*
Mütze zurechtgerückt und sich in Positur gesetzt).
              Ein ganz bescheidnes Blatt ...

Zweiter Poet *(die große Leier aus Zuckerwerk an-*
beißend).
Zum erstenmal macht mich die Leier satt.

Ragueneau *(liest).*
»Rezept für kleine Mandeltorten.«

Schlag das Eiweiß etwa dreier
Frischer Eier,

Bis sie sich in Schaum verwandeln;
Gieß Zitronensaft hinein;
Misch ihn fein
Mit der Milch von süßen Mandeln.

Blätterteig aus feiner Butter
Nimm zum Futter
Für des Kuchenbleches Hülle;
Sei bedacht, daß nun der Schaum
Diesen Raum
Tropfenweis allmählich fülle.

Laß den Teig vom Feuer packen,
Bis gebacken
Er verläßt des Ofens Pforten:
So bekommst du braun und gar
Eine Schar
Kleiner feiner Mandeltorten.

Die Poeten (*mit vollem Munde*).
  Schön! – Prachtvoll!
Ein Poet (*würgend*). Hum!
  (*Sie gehen essend nach hinten. Cyrano, der sie beobachtet
  hat, tritt zu Ragueneau.*)
Cyrano.   Entgeht dir, wie beim Hören
  Der Schwarm sich vollstopft?
Ragueneau (*lächelnd, halblaut*).
                  Nein; ich tu nur so,
  Als merkt' ich gar nichts, um sie nicht zu stören,
  Und werde meines Vortrags doppelt froh:
  Indes mich selber meine Verse laben,
  Gewähr ich denen Brot, die Hunger haben.
Cyrano (*ihm auf die Schulter klopfend*).
  Brav, alter Freund! (*Ragueneau geht nach hinten zu den
  Poeten. Cyrano folgt ihm mit den Augen, ruft dann
  plötzlich.*)   He, Lise!
  (*Lise, in einem zarten Gespräch mit dem Musketier
  unterbrochen, erschrickt und kommt nach vorn.*)
                  Dieser Krieger
Belagert Sie?
Lise (*gekränkt*).   Mein stolzer Blick erträgt
  Den Angriff und bleibt jederzeit der Sieger!

Cyrano. Ein Sieger, der sich selbst zu Boden schlägt?
Lise *(mit ersticktem Zorn)*.
    Ach ...
Cyrano *(auf Ragueneau zeigend; so laut, daß der Musketier es hören kann)*.
          Jener ist mein Freund; ich dulde nicht,
Daß irgendwer in seinem Garten grase.
Lise. Jedoch ...
Cyrano *(noch lauter)*.
          Man merk' es wohl!
(Er grüßt den Musketier und geht, nachdem er auf die Uhr gesehen hat, nach der Eingangstür, um dort erwartungsvoll aufzupassen.)
Lise *(zum Musketier, der Cyranos Gruß ruhig erwidert hat)*.   Sind Sie schon quitt?
Ein Wort ... auf seine Nase!
Musketier.   Seine ... Nase ...
(Er entfernt sich schnell; Lise folgt ihm.)
Cyrano *(gibt von der Eingangstür aus Ragueneau Zeichen, die Poeten zu entfernen)*.
    Pst!
Ragueneau *(zu den Poeten, auf die Tür rechts deutend)*.
    Kommt hinein!
Cyrano *(ungeduldig)*.
          Pst! Pst!
Ragueneau *(sie drängend)*.   Um ein Gedicht
Zu lesen ...
Erster Poet *(mit vollem Mund, verzweifelt)*.
          Und die Kuchen! –
Zweiter Poet.   Nimm sie mit!
(Sie gehen alle in feierlichem Aufzug hinter Ragueneau drein, nachdem sie noch möglichst viel Backwerk zusammengerafft haben.)

Fünfter Auftritt

    Cyrano. Roxane. Die Duenna.

Cyrano. Entdeck ich den geringsten Hoffnungsstrahl,
Dann geb ich ihr den Brief!

(Roxane erscheint maskiert hinter dem Glasfenster, ge-
folgt von der Duenna. Er öffnet schnell die Tür.)
                              Herein! *(Zur Duenna.)* Zwei Worte!
D u e n n a. Vier.
C y r a n o.   Sind Sie naschhaft?
D u e n n a.   Ach, im höchsten Grad.
C y r a n o *(nimmt schnell eine Anzahl Tüten)*.
      Gut. Hier von Benserade ein Madrigal . . .
D u e n n a *(enttäuscht)*. Oh!
C y r a n o.   Angefüllt mit Aprikosentorte.
D u e n n a. Ah!
C y r a n o.   Schwärmen Sie für Strudel?
D u e n n a.   In der Tat,
      Ich schätze sie; besonders mit viel Creme.
C y r a n o. Ich wickle sechs davon in die Balladen
      Von Saint-Amant, und dies Poem
      Von Chapelain füll ich mit Butterfladen. –
      Sind Sie für Blätterteig?
D u e n n a.   Mein Lieblingsessen.
C y r a n o *(sie mit gefüllten Tüten beladend)*.
      Dann wollen Sie da draußen dies verzehren.
D u e n n a. Ich . . .
C y r a n o *(sie hinausdrängend)*.
                      Und erst, wenn Sie fertig, wiederkehren.
(Er schließt hinter ihr die Tür, nähert sich Roxane und
bleibt barhäuptig in respektvoller Entfernung stehen.)

Sechster Auftritt

      Cyrano. Roxane. Später Duenna.

C y r a n o.
      O schönster Tag von vielen, vielen Tagen:
      Ich glaubte schon, Sie hätten mich vergessen . . .
      Was führt Sie her? Was wollen Sie mir sagen?
R o x a n e *(hat sich demaskiert)*.
      Vor allem dank ich Ihrem tapfren Degen,
      Durch den ich diesem faden Tropf entrann:
      Sein mächt'ger Freund . . .
C y r a n o.   Graf Guiche?

Roxane *(die Augen niederschlagend).*

Hat ihn zum Mann

mir ausersehn ...

Cyrano.   Zum Strohmann?

(Mit einer Verbeugung.)   Lohn genug,

Daß ich – statt meiner langen Nase wegen –

Mich wegen Ihrer schönen Augen schlug.

Roxane.

Sodann ... Doch – was ich jetzt bekennen werde,

Bekenn ich, weil Sie ... fast mein Bruder sind,

Mit dem ich oft gespielt im Park – als Kind. –

Cyrano. Zur Sommerzeit, auf heimatlicher Erde!

Roxane.

Sie schnitten Schwerter aus der Röhrichtgruppe ...

Cyrano. Aus Maiskorn Sie das Blondhaar Ihrer Puppe.

Roxane. Wir jagten uns ...   Und manchen Schmetterling ...

Cyrano.

Roxane. Sie mußten alles, was ich wollte, tun.

Cyrano. Roxane hieß noch Madeleine und ging

In kurzen Kleidchen.   War ich hübsch?

Roxane.   Je nun,

Cyrano.

Nicht häßlich.

Roxane.   Manchmal, wenn Sie sich beim Klettern

Die Hand verletzten, spielt' ich die Mama

Und gab mir Mühe, zornerfüllt zu wettern:

(Sie nimmt seine Hand.)

»Wie kommen Sie zu dieser Schramme da?«

(Sie hält erstaunt inne.)

Oh! Wieder eine? *(Cyrano will die Hand zurückziehen.)*

Nein, da nützt kein Hehl!

Solch alter Schlingel! – Was begingst du? Sprich!

Cyrano. Ich bin geklettert bei der Porte de Nesle.

Roxane *(setzt sich an einen Tisch und taucht ihr Taschentuch in ein Glas Wasser).*

Gib!

Cyrano *(sich zu ihr setzend).*

So besorgt! So reizend mütterlich!

Roxane. Nun beichten Sie! Derweil still ich das Blut.

Ein Kampf?

Cyrano.   Nur etwa hundert Straßendiebe!

R o x a n e. Ich bin gespannt.

C y r a n o.   Nein, ich! Was mir zu sagen
Vorhin Sie nicht gewagt ...

R o x a n e *(ohne seine Hand loszulassen).*
            Jetzt kann ich's wagen.
Der Hauch vergangner Zeiten gibt mir Mut.
Jawohl, ich wag es jetzt. Nun denn, ich liebe ...

C y r a n o. Ah!

R o x a n e.   Jemand, der's nicht ahnt.

C y r a n o.   Ah!

R o x a n e.   Jetzt noch nicht!

C y r a n o. Ah!

R o x a n e.   Doch er soll's in kurzer Zeit erfahren.

C y r a n o. Ah!

R o x a n e.   Denn dem armen Jungen selbst gebricht
Der Mut, mir sein Gefühl zu offenbaren.

C y r a n o. Ah!

R o x a n e.   Wirklich, Ihre Hand ist heiß von Fieber. —
Jedoch ich sah, wie das Geständnis brennt
In seinem Blick.

C y r a n o.   Ah!

R o x a n e *(hat ihm mit ihrem Taschentuch nun einen kleinen Verband gemacht).* Denken Sie, mein Lieber:
Er dient in Ihrem Regiment!

C y r a n o. Ah!

R o x a n e *(lächelnd).*
            Als Kadett in Ihrer Kompanie!

C y r a n o. Ah!

R o x a n e.   Geistvoll sieht er aus, stolz, adlig, herzhaft,
Ist jung und schön ...

C y r a n o *(sich erhebend, ganz bleich).*
            Und schön!

R o x a n e.   Was haben Sie?

C y r a n o. Oh, nichts ... Es ist ... *(er zeigt lächelnd seine Hand.)* es ist ein wenig schmerzhaft.

R o x a n e. Kurzum, ich lieb ihn. Doch ich muß gestehn:
Nur im Theater hab ich ihn gesehn.

C y r a n o. Sie sprachen sich noch nicht?

R o x a n e.   Durch Blicke nur.

C y r a n o. Und wissen dennoch ...

R o x a n e.   Mitteilsame Leute

Sind mir bekannt, von denen ich erfuhr,
Er sei . . .
C y r a n o. Er sei . . .?
R o x a n e.   Beim Gardecorps Kadett.
C y r a n o. Und heißt?
R o x a n e.   Baron Christian von Neuvillette.
C y r a n o. Dient nicht in unserm Corps!
R o x a n e.   O doch, seit heute:
Sein Hauptmann ist Castel-Jaloux.
C y r a n o.   Indessen,
Wenn Ihr geschwindes Herz nun irregeht . . .
D u e n n a *(die Eingangstür öffnend).*
Mein Herr, die Kuchen hab ich aufgegessen.
C y r a n o. Jetzt lesen Sie, was auf den Düten steht!
(Die Duenna verschwindet.)
Sie sind ein Schöngeist, lieben feine Wendung
Der Rede. Wie, wenn *er* nun ein Barbar?
R o x a n e. Wer solche Locken hat, besitzt Vollendung.
C y r a n o. Doch wenn sein Geist so kraus ist wie sein Haar?
R o x a n e. Er ist gewiß ein Feind von allem Derben.
C y r a n o.
Als solcher schon am zarten Schnurrbart kenntlich.
Doch wenn er dumm ist?
R o x a n e *(mit dem Fuß stampfend).*
                    Dann . . . dann werd ich sterben!
C y r a n o. Und um mir das zu sagen, kamen Sie?
Die Nutzanwendung ist mir nicht verständlich.
R o x a n e. Ach, weil man mir zu meinem Todesschreck
Berichtet hat: in Ihrer Kompanie
Sind nur Gascogner . . .
C y r a n o.   Die der Zorn entflammt,
Wenn sich durch Gönnerschaft ein junger Geck
Eindrängt, der nicht aus der Gascogne stammt!
R o x a n e. Ganz recht! Nun denken Sie, wie diese Kunde
Mich für ihn zittern läßt!
C y r a n o *(zwischen den Zähnen).*
                    Mit gutem Grunde!
R o x a n e. Und als ich gestern Sie gleich einem Leuen
Unwiderstehlich habe kämpfen sehn,
Da sagt' ich mir: Wenn er, den alle scheuen . . .
C y r a n o. Nun, Ihrem Abgott soll kein Leid geschehn.

R o x a n e. Sie bürgen mir, daß nichts ihn wird gefährden?
  Stets war ich Ihnen gut!
C y r a n o.   Ja, ja.
R o x a n e.   Sie werden
  Ein Freund ihm sein . . .?
C y r a n o.   Gewiß, gewiß.
R o x a n e.   Ein treuer!
  Und nie wird er sich schlagen?
C y r a n o.   Ehrenwort.
R o x a n e. Ich habe Sie sehr lieb. – Nun muß ich fort.
  (Sie setzt schnell wieder ihre Maske auf und bedeckt ihre
  Stirn mit einem Schleier; dann, zerstreut.)
  Ach, wollten Sie mir nicht Ihr Abenteuer
  Erzählen? Hundert Mann! – Er soll mir schreiben.
  (Sie wirft ihm eine Kußhand zu.)
  Ich liebe Sie!
C y r a n o.   Ja, ja.
R o x a n e.   Jetzt muß ich gehn.
  Sie werden mir ein andermal . . . Wir bleiben
  Doch Freunde?
C y r a n o.   Ja, gewiß.
R o x a n e.   Auf Wiedersehn ! –
  Er soll mir schreiben! – Hundert Mann! Das nenn ich
  Den größten Mut!
C y r a n o *(mit Verbeugung)*.
                    Noch einen größern kenn ich.
  (Sie geht hinaus. Cyrano bleibt unbeweglich stehen.
  Pause. Die Tür rechts öffnet sich; Ragueneau steckt den
  Kopf heraus.)

Siebenter Auftritt

  Cyrano. Ragueneau. Die Poeten. Carbon von Castel-
  Jaloux. Die Kadetten. Le Bret. Volk. Später Graf Guiche.

R a g u e n e a u.
  Darf man hinein?
C y r a n o *(ohne sich zu rühren)*.
                    Ja.
  (Ragueneau gibt den Poeten ein Zeichen; sie kommen

herein. Gleichzeitig erscheint in der Eingangstür Carbon
von Castel-Jaloux, im Kostüm eines Hauptmanns der
Garde, und macht beim Anblick Cyranos lebhafte Gesten.)
C a r b o n *(mit geräuschvoller Freude).*
Hatt' ich recht? Hier steht er,
Der Held! Mein Schwarm Kadetten möchte dir
Glück wünschen ...
C y r a n o *(zurückweichend).* Aber ...
C a r b o n *(will ihn fortziehen).* Komm! Sie zechen hier
Gleich gegenüber.
C y r a n o.   Ich ...
C a r b o n.   Im »Schwarzen Peter«.
C y r a n o. Nein, ich ...
C a r b o n *(eilt zur Eingangstür zurück und ruft mit don-*
nernder Stimme über die Straße).
Er will nicht kommen!
S t i m m e *(von draußen).*   Sapperlot!
(Lärm auf der Straße; Degengeklirr; Geräusch von sich
nähernden Schritten.)
C a r b o n *(sich die Hände reibend).*
Hast du gehört? – Richtig, da sind sie schon.
D i e K a d e t t e n *(hereinbrechend).*
Mordius! – Potz Hagel! – Schwerebrett!
R a g u e n e a u *(erschrocken zurückweichend).* Ach Gott,
Lauter Gascogner?
D i e K a d e t t e n. Ja!
E i n K a d e t t *(zu Cyrano).* Hurra!
C y r a n o *(dankend).*   Baron!
Z w e i t e r K a d e t t *(Cyrano die Hand schüttelnd).*
Ein Meisterstück!
C y r a n o.   Baron!
D r i t t e r K a d e t t.   Laß dich umarmen!
C y r a n o. Baron!
M e h r e r e K a d e t t e n.
Vivat!
C y r a n o *(der sich nicht mehr zu helfen weiß).*
Baron ... Baron ... Erbarmen!
R a g u e n e a u. Lauter Barone?
D i e K a d e t t e n.   Ja!
E r s t e r K a d e t t.   Das wird ein Turm,
Wenn wir die Wappen aufeinanderlegen!

Le Bret *(eilig eintretend, zu Cyrano).*
Freund, eine große Menge naht im Sturm,
Geführt von denen, die heut nacht zugegen ...
Cyrano *(erschrocken).*
Du sagtest, wo ich bin?
Le Bret *(sich die Hände reibend).*
      Was konnt' es schaden?
Ein Bürger *(tritt ein, gefolgt von anderen).*
Mein Herr, das ganze Viertel ist wie toll.
*(Die Straße hat sich dicht mit Menschen gefüllt. Sänften
und Wagen halten vor der Tür.)*
Le Bret *(leise zu Cyrano, lächelnd).*
Du sprachst sie?
Cyrano *(heftig).* Schweig!
Die Menge *(ruft auf der Straße).* Hoch! Hoch!
*(Ein großer Menschenhaufe stürzt, hochrufend, in den
Laden hinein.)*
Ragueneau *(ist auf einen Tisch gestiegen).*
       Man stürmt den Laden,
Und alles wird zerbrochen! Wundervoll!
Viele *(Cyrano umringend).*
Mein Freund ... mein Freund ...
Cyrano.   Woher denn plötzlich stammen
Die vielen Freunde?
Le Bret *(entzückt).*
    Der Erfolg.
Ein kleiner Marquis *(eilt mit ausgestreckten Hän-
den auf Cyrano zu).*   Du Held ...!
Cyrano.
Du? Du? — Was hüteten wir denn zusammen?
Ein zweiter Marquis.
Ich möchte Sie den Damen dort im Wagen
Vorstellen ...
Cyrano *(kalt).*
   Sind Sie selbst mir vorgestellt?
Le Bret *(verblüfft).*
Was hast du?
Cyrano. Schweig!
Ein Literat *(mit Schreibzeug).*
    Ich darf wohl ein paar Fragen ...
Cyrano. Nein.

Le Bret *(ihn anstoßend).*
                    Das war Renaudot! Der Mann, der neulich
Die Zeitung hat erfunden.
Cyrano *(gleichgültig).*   Sehr erfreulich.
Le Bret. Die Blätter, weißt du, die das Neuste bringen.
Man sagt, daß die Idee viel Zukunft hat.
Ein Poet *(herzutretend).*
Mein Herr . . .
Cyrano.   Schon wieder einer!
Poet.   Sie besingen
Möcht' ich . . .
Ein zweiter *(herzutretend).*
                    Mein Herr . . .
Cyrano.   Nun hab ich's aber satt!
*(Bewegung. Man bildet Spalier. Graf Guiche erscheint mit
einem Gefolge von Offizieren. Cuigy, Brissaille und die
Offiziere vom Schluß des ersten Aktes. Cuigy tritt
schnell zu Cyrano.)*
Cuigy *(zu Cyrano).*
Graf Guiche, von Marschall Gassion gesendet!
Guiche *(Cyrano begrüßend).*
. . . der Ihnen zu dem neusten Heldenstreich
Durch mich den Ausdruck der Bewundrung spendet.
Die Menge. Vivat!
Cyrano *(sich verneigend).*
                    Des Marschalls Lob ehrt mich und ihn zugleich.
Guiche. Er zweifelte, bis diese Herrn ihm laut
Beteuerten . . .
Cuigy.   Daß wir's mitangeschaut.
Le Bret *(leise zu Cyrano).*
Du . . .
Cyrano.   Schweig!
Le Bret.   Du scheinst zu leiden.
Cyrano *(erschrocken, mit Selbstbeherrschung).*
                                Was?! Vor diesen?
(Sein Schnurrbart sträubt sich; er wirft sich in die Brust.)
Niemals!
Guiche *(nachdem Cuigy ihm etwas zugeflüstert).*
            Sie haben oft schon Mut bewiesen. –
Sie dienen wohl in der verrückten Schar
Aus der Gascogne?

Ein Kadett *(mit kriegerischer Stimme).*
              Ja, bei uns!
Guiche *(die Gascogner, die sich hinter Cyrano aufge-
    stellt haben, betrachtend).*   Fürwahr!
    Das also sind die hitzigen Gesellen?
Carbon. Cyrano!
Cyrano.   Hauptmann?
Carbon.   Meine Kompanie
    Ist voll versammelt; sei so freundlich, sie
    Dem Herren Grafen vorzustellen.
Cyrano *(um zwei Schritte sich dem Grafen nähernd).*
       Das sind die Gascogner Kadetten;
       Ihr Hauptmann ist Castel-Jaloux.
       Sie raufen und lügen und wetten;
       Das sind die Gascogner Kadetten!
       Sie halten zusammen wie Kletten
       Und lieben und zürnen im Nu.
       Das sind die Gascogner Kadetten;
       Ihr Hauptmann ist Castel-Jaloux.

       Sie fliehen vor weichlichen Betten
       Und sammeln kein Geld in der Truh';
       Sie pflegen ihr Haar nicht zu glätten;
       Sie fliehen vor weichlichen Betten
       Und stopfen in ihren Toiletten
       Die Löcher und Risse nicht zu.
       Sie fliehen vor weichlichen Betten
       Und sammeln kein Geld in der Truh'.

       Wenn Teufel zu Gegnern sie hätten,
       Ihr Herz fällt nicht in die Schuh';
       Sie würden dem Ruhm sich verketten,
       Wenn Teufel zu Gegnern sie hätten!
       Und gilt es zu kämpfen, zu retten,
       Dann kommen sie gerne dazu ...
       Wenn Teufel zu Gegnern sie hätten,
       Ihr Herz fällt nicht in die Schuh'.

       Das sind die Gascogner Kadetten;
       Sie stören des Ehemanns Ruh'!
       Ihr Blonden und auch ihr Brünetten,
       Das sind die Gascogner Kadetten!

Euch hilft an verschwiegenen Stätten
Nicht lang euer sprödes Getu'!
Das sind die Gascogner Kadetten;
Sie stören des Ehemanns Ruh'.

G u i c h e *(nachlässig in einem Sessel sitzend, den Rague-
neau ihm schnell gebracht hat).*
In Mode sind die Dichter heut. Wenn Ihnen
Der Dienst bei mir behagt ...
C y r a n o.   Ich will nicht dienen!
G u i c h e.
Mein Oheim Richelieu war sehr von Ihrem Wesen
Belustigt. Ich empfahl Sie seiner Huld.
L e B r e t *(geblendet).*
Oh!
G u i c h e.   Haben Sie kein Trauerspiel im Pult?
L e B r e t *(Cyrano ins Ohr flüsternd).*
Nun führt man »Agrippina« doch noch auf!
G u i c h e. Bringen Sie's ihm!
C y r a n o *(in Versuchung und sichtlich erfreut).*
                                          Wirklich?
G u i c h e.   Er wird es lesen,
Vielleicht verbessern; er versteht sich drauf.
C y r a n o *(dessen Gesicht sich sofort wieder verfinstert hat).*
Unmöglich; denn ich werde wie besessen,
Wenn man nur einen Strich dran ändern will.
G u i c h e. Doch wenn ein Vers ihm Beifall abgerungen,
Lohnt er ihn hoch.
C y r a n o.   Sein Lohn kann sich nicht messen
Mit meiner Selbstbelohnung, wenn ich still
Mir eingestehen darf: es ist gelungen!
G u i c h e. Sie sind sehr stolz.
C y r a n o.   Wird Ihnen das nun klar?
E i n K a d e t t *(tritt ein; an seinem Degen ist eine An-
zahl von durchlöcherten, unförmig gewordenen Feder-
hüten aufgespießt).*
Schau nur, Cyrano, was wir fingen heute:
Recht sonderbares Federwild – nicht wahr?
Die Hüte der Entwichnen!
C a r b o n.   Fette Beute!
(Alle lachen.)

C u i g y. Ihr Auftraggeber rast nun sicherlich!
B r i s s a i l l e. Wer ist es wohl gewesen?
G u i c h e.   Wer? Nun – ich!
(Das Lachen hört auf.)
Denn einen trunknen Reimschmied frecher Lieder
Kann unsereins nicht eigenhändig strafen.
(Peinliches Schweigen.)
D e r K a d e t t *(halblaut zu Cyrano, auf die Hüte deu-*
tend).
Was soll man damit machen? Ein Ragout?
C y r a n o *(nimmt ihm den Degen ab und streift, mit einer*
Verbeugung, alle Hüte herab, dem Grafen Guiche vor
die Füße).
Da, geben Sie das Ihren Freunden wieder!
G u i c h e *(steht auf).*
Geschwind! Ruft meinen Sänftenträgern zu!
(Zu Cyrano, heftig.)
Mein Herr ...!
E i n e S t i m m e *(auf der Straße, ruft).*
                    Die Sänftenträger des Herrn Grafen!
G u i c h e *(sich beherrschend, mit einem Lächeln).*
Haben Sie »Don Quijote« gelesen?
C y r a n o.   Ja.
Wer mit ihm anband, konnt' ihn stets bereit sehn.
G u i c h e. Dann denken Sie ...
E i n T r ä g e r *(an der Eingangstür erscheinend).*
                              Die Sänfte steht schon da.
G u i c h e. An jene Mühlen ...
C y r a n o *(mit Verbeugung).* Im Kapitel dreizehn.
G u i c h e. Die, wenn wir nicht Respekt vor ihnen lernen ...
C y r a n o. Respekt, weil sie sich nach dem Winde drehn?
G u i c h e. Mit ihren Flügeln, eh' wir's uns versehn,
In Staub uns schleudern. –
C y r a n o.   Oder zu den Sternen!
(Graf Guiche geht ab. Man sieht ihn seine Sänfte bestei-
gen. Seine Kavaliere entfernen sich, untereinander flü-
sternd. Die Menge folgt ihnen.)

Achter Auftritt

> *Cyrano. Le Bret. Die Kadetten, welche sich rechts und*
> *links an die Tische gesetzt haben und frühstücken.*

C y r a n o *(spöttisch zu den Kavalieren, welche ihn beim*
    Hinausgehen nicht zu grüßen wagen).
    Empfehle mich den Herrn ...
L e B r e t *(nach vorn kommend, schlägt verzweifelt die*
    Hände überm Kopf zusammen).
                            Das ist zu bunt!
C y r a n o. Nun brummst du wieder!
L e B r e t.   Wenn's dir endlich glückt,
    Jagst du Fortuna fort wie einen Hund.
    Das ist ja Wahnsinn.
C y r a n o.   Gut, ich bin verrückt.
L e B r e t. Aha!
C y r a n o.   Doch als Exempel und Prinzip
    Erscheint mir dies Verrücktsein sehr vernünftig.
L e B r e t. Nur deine tolle Händelsucht vertrieb
    Bisher den Ruhm ...
C y r a n o.   Wie soll ich's halten künftig?
    Mir einen mächtigen Patron entdecken
    Und als gemeines Schlinggewächs dem Schaft,
    An dem ich aufwärts will, die Rinde lecken?
    Durch List empor mich ranken, nicht durch Kraft?
    Nein, niemals! Oder soll ich, wie so viele,
    Ein Loblied singen auf gefüllte Taschen,
    Soll eines Hofmanns Lächeln mir erhaschen,
    Indem ich seinen Narren spiele?
    Nein, niemals! Oder soll ich Kröten schlucken,
    Auf allen vieren kriechen, gleich dem Vieh,
    Durch Rutschen wund mir scheuern meine Knie,
    Kreuzschmerzen leiden durch beständ'ges Ducken?
    Nein, niemals! Soll ich einem Schäfchen gleichen,
    Um selbst mir eins ins Trockene zu bringen?
    Soll Honig streun, um Zucker einzustreichen?
    Und unermüdlich Weihrauchfässer schwingen?
    Niemals! Soll ich als lust'ger Zeitvertreiber
    Nach großem Ruhm in kleinem Kreise spähn,
    Damit sich von den Seufzern alter Weiber

Des Dichterschiffleins schlaffe Segel blähn?
Niemals! Für meine Verse dem Verleger,
Der sie mir druckt, bezahlen runde Summen?
Niemals! In der Verbrüderung der Dummen
Gefeiert werden als der Bannerträger?
Ein einziges Sonett wie ein Hausierer
Vorzeigen, statt noch andre zu verfassen?
Niemand talentvoll nennen als die Schmierer?
Vor jedem Literatenklatsch erblassen
Und eifrig forschen: Werd ich anerkannt?
Hat der und jener lobend mich genannt?
Niemals! Stets rechnen, stets Besorgnis zeigen,
Lieber Besuche machen als Gedichte,
Bittschriften schreiben, Hintertreppen steigen?
Nein, niemals, niemals, niemals! – Doch im Lichte
Der Freiheit schwärmen, durch die Wälder laufen,
Mit fester Stimme, klarem Falkenblick,
Den Schlapphut übermütig im Genick,
Und je nach Laune reimen oder raufen!
Nur singen, wenn Gesang im Herzen wohnt,
Nicht achtend Geld und Ruhm, mit flottem Schwunge
Arbeiten an der Reise nach dem Mond
Und insgeheim sich sagen: Lieber Junge,
Freu dich an Blumen, Früchten, selbst an Blättern,
Die du von deinem eignen Beet gepflückt!
Wenn dann vielleicht bescheidner Sieg dir glückt,
Dann mußt du nicht ihn teilen mit den Vettern;
Dann darfst du König sein in deinem Reiche,
Statt zu schmarotzen, und dein Schicksal sei,
Wenn du der Buche nachstehst und der Eiche,
Nicht hoch zu wachsen, aber schlank und frei.

Le Bret.

Frei; doch warum nicht friedlich? Wüßt' ich nur,
Wodurch der Teufelstrieb ins Herz dir fuhr,
Alltäglich, stündlich Feinde dir zu machen!

Cyrano.

Weil ich mit ansah, was euch Freunde gelten
Und wie ihr sie verhöhnt mit einem Lachen,
Das falsch und fratzenhaft sich selbst verneint!
Man soll mich herzlich grüßen, aber selten;
Drum ruf ich froh: Gottlob, ein neuer Feind!

L e B r e t. Törichter Trotz!

C y r a n o.   Ja, dies ist meine Schwäche.
 Gehaßtsein ist mein Glück. Ich will mißfallen!
 Mich freut's, wenn in ein Wespennest ich steche,
 Wenn rings aus Feindesaugen Pfeile prallen!
 Stolz merk ich an den Flecken meines Kleides
 Der Feigheit Geifer und die Gischt des Neides! –
 All eurer Freundschaft süßliches Gekos'
 Gleicht jenen italien'schen Spitzenkragen,
 Durch die der Hals verweichlicht. Sie zu tragen,
 Ist zwar bequem, doch macht es würdelos;
 Denn schlotternd ohne Zwang und Stütze fällt
 Das Haupt nach vorn. Ich aber bin geborgen:
 Der Haß, mein Duzfreund, stärkt mir jeden Morgen
 Die Krause, die den Nacken steif erhält,
 Und Feindschaft schnürt und zwängt ohn' Unterlaß,
 Bis schwerer ich und – stolzer Atem hole:
 Der spanischen Krause gleichend, ist der Haß
 Ein Schraubenstock und eine Gloriole.

L e B r e t *(nach einer Pause, den Arm unter den Cyranos schiebend).*
 Ruf laut, welch bittrer Stolz dein Herz umgibt;
 Doch leis gesteh mir, daß sie dich nicht liebt.

C y r a n o *(heftig).*
 Schweig!
 (Christian ist inzwischen eingetreten und hat sich unter die Kadetten gemischt. Diese ignorieren ihn vollständig. Er hat sich schließlich allein an einen kleinen Tisch gesetzt, wo Lise ihn bedient.)

Neunter Auftritt

 Cyrano. Le Bret. Die Kadetten. Christian de Neuvillette.

E i n K a d e t t *(der im Hintergrund sitzt, das Glas in der Hand).* He, Cyrano! *(Cyrano wendet sich um.)*
      Gib uns nun Bericht!

C y r a n o. Sogleich.
 (Er geht Arm in Arm mit Le Bret nach hinten, leise mit ihm sprechend.)

D e r K a d e t t *(sich erhebend und nach vorn kommend).*

Das wird ein treffliches Lektiönchen

(er bleibt vor Christians Tisch stehen)

Für dieses Muttersöhnchen.

C h r i s t i a n *(aufblickend).*

Muttersöhnchen?

E i n a n d e r e r K a d e t t.

Für den uns Aufgedrängten!

C h r i s t i a n. Aufgedrängten?

E r s t e r K a d e t t *(übermütig, zu Christian).*

Vernehmen Sie, daß ein Objekt vorhanden,

Von welchem man bei uns so wenig spricht

Wie von dem Strick im Hause des Gehängten!

C h r i s t i a n. Was ist das?

E i n a n d e r e r K a d e t t *(mit rauher Stimme).*

Schauen Sie mich an!

(Er legt dreimal geheimnisvoll den Finger auf die Nase.)

Verstanden?

C h r i s t i a n. Ach so, die ...

E i n a n d e r e r. Still! – Dies Wort wird nie gesprochen!

(Auf Cyrano deutend.)

Sonst flammt er auf in fürchterlichem Grimme.

E i n a n d e r e r *(der, während Christian sich den Spre-
chern zugewandt, sich leise hinter seinem Rücken an den
Tisch gesetzt hat).*

Zwei Näsler hat er neulich erst durchstochen,

Nur wegen ihrer zu nasalen Stimme.

E i n a n d e r e r *(mit Grabeston, unter dem Tisch auftauchend, wo er sich auf allen vieren verkrochen hat).*

Den allerkleinsten Sticheleiversuch

Zahlt man sofort mit seines Lebens Reste.

E i n a n d e r e r *(Christian die Hand auf die Schulter
legend).*

Ein Wort genügt. Was sag ich? Eine Geste!

Wer nur sein Schnupftuch zieht, der zieht sein Leichentuch.

*(Pause. Alle Kadetten umringen ihn, mit gekreuzten
Armen, und sehen ihn an. Er steht auf und geht zu Carbon, der, mit einem Offizier plaudernd, sich nichts wis-
send gemacht hat.)*

C h r i s t i a n. Herr Hauptmann!

C a r b o n *(dreht sich um).* Ja?

C h r i s t i a n.   Was tut man, wenn zu dreist
Die Südfranzosen prahlen?
C a r b o n.   Man beweist,
Daß auch der Norden tapfre Söhne hat.
(Er wendet ihm den Rücken.)
C h r i s t i a n. Dank!
E r s t e r K a d e t t *(zu Cyrano).*
                    Nun erzähl!
A l l e.   Erzähle!
C y r a n o *(nach vorn kommend).*   Meinetwegen.
*(Alle rücken ihre Stühle heran und gruppieren sich ge-
spannt um ihn. Christian hat sich rittlings auf einen
Stuhl gesetzt.)*
Ich ging allein voraus, dem Schwarm entgegen.
Der Mond glich einem großen Zifferblatt;
Doch ein besorgter Uhrenmacher hüllte
Ganz plötzlich in ein Wolkenfutteral
Die Silberuhr, so daß mit einemmal
Pechschwarze Finsternis die Nacht erfüllte.
Ich späht' umsonst nach eines Lichts Oase:
Mordius! Kaum sah man noch . . .
C h r i s t i a n.   Die eigne Nase.
*(Schweigen. Alle stehen langsam auf und blicken entsetzt
auf Cyrano. Dieser hat sich verdutzt unterbrochen.)*
C y r a n o *(nach einer Pause).*
Wer ist der Mensch?
E i n K a d e t t *(halblaut).* Ward heut erst eingeschrieben.
C y r a n o *(macht einen Schritt auf Christian zu).*
Erst heut?
C a r b o n.   Er heißt Christian von Neuvill . . .
C y r a n o *(stehen bleibend, schnell).*   Ah!
Gut! – *(Er wird bleich und rot, macht abermals Miene,
sich auf Christian zu stürzen.)* Ich . . .
(Er bezwingt sich, dann mit dumpfer Stimme.)
                    Sehr gut! – – Wo war ich stehngeblieben?
(Mit einem Wutausbruch.)
Mordius! – *(Im Ton der Erzählung fortfahrend.)*
            Ich sagte, daß man nichts mehr sah.
*(Allgemeine Verblüffung. Die Kadetten setzen sich wie-
der, Blicke wechselnd.)*
Wohl wußt' ich: Wenn des armen Schelmen Sache

Ich gegen einen Mächtigen verfechte,
Dann blüht mir ...
C h r i s t i a n.　　　Eine Nase.
(Alle stehen wieder auf. Christian schaukelt sich auf
seinem Stuhl.)
C y r a n o *(mit erstickter Stimme).*
　　　　　　　... Seine Rache.
Drum sagt' ich mir im Gehn: Mit welchem Rechte
Steckst du ...
C h r i s t i a n.　Die Nase.
C y r a n o.　　　　　Deine Hand dazwischen?
Der Mächtige wird dir aus Zorn darüber
Eins ...
C h r i s t i a n.　Auf die Nase ...
C y r a n o *(sich den Schweiß von der Stirne wischend).*
　　　　　　　　　Auf die Finger geben. –
Schnell aber wußt' ich neu mich aufzufrischen:
Vorwärts, Gascogner! Pflicht allein ist Leben!
Da spürt' ich jählings ...
C h r i s t i a n.　　　　Einen Nasenstüber.
C y r a n o. Die ganze Räuberbande ...
C h r i s t i a n.　　　　　　Nas' an Nase ...
C y r a n o *(wutschäumend auf ihn los).*
Schockschwerenot!
(Alle Kadetten stürzen nach vorn, um zuzusehen; dicht
bei Christian angelangt, beherrscht er sich und fährt fort.)
　　　　　Die schon auf zwanzig Schuh'
Nach Zwiebeln stank; ich hielt ...
C h r i s t i a n.　　　　Die Nase zu ...
C y r a n o *(bleich und lächelnd).*
Den Degen hoch ...
C h r i s t i a n.　　Der Nase nach ...
C y r a n o.　　　　　　Und blase
Dreien das Licht aus. Einer fällt aufs Knie,
Schaut jammervoll mich an und ruft ...
C h r i s t i a n *(mit nachgeahmtem Niesen).*　Hatschie!
C y r a n o *(ausbrechend).*
Donner ...! Geht all' hinaus!
(Alle Kadetten eilen zu den Türen.)
E r s t e r　K a d e t t.　　　Des Leu'n Erwachen!
C y r a n o. Ich will allein sein mit dem Mann!

Z w e i t e r K a d e t t.   Ich wette,
Jetzt wird er aus dem Jüngling Hackfleisch machen.
R a g u e n e a u. Hackfleisch?
E i n a n d e r e r K a d e t t. Ja, für Pasteten!
R a g u e n e a u.   Ach, vor Zittern
Werd ich so blaß wie eine Serviette!
C a r b o n. Kommt!
E i n a n d e r e r.   Alle Knochen wird er ihm zersplittern!
E i n a n d e r e r.
Was jetzt hier vorgehn wird, das ist kein Scherz!
E i n a n d e r e r *(die Türe rechts hinter sich schließend).*
Etwas Entsetzliches!
(Alle sind – teils durch die Mitteltür, teils nach den Seiten, teils über die Treppe – abgegangen. Cyrano und Christian stehen sich gegenüber und schauen sich einen Augenblick schweigend an.)

Zehnter Auftritt

Cyrano. Christian.

C y r a n o.   Komm an mein Herz!
C h r i s t i a n. Herr . . .
C y r a n o.   Bravo!
C h r i s t i a n.   Doch . . .
C y r a n o.   Du zeigtest Mut, potz Wetter!
C h r i s t i a n.
Was heißt das?
C y r a n o.   Komm! Ich bin ihr Bruder.
C h r i s t i a n.   Wie?
C y r a n o. Ihr Bruder.
C h r i s t i a n.   Was? –
C y r a n o.   Roxanens Bruder!
C h r i s t i a n *(auf ihn zueilend).*   Sie?!
Sie sind . . .
C y r a n o.   Nun denn, ihr brüderlicher Vetter.
C h r i s t i a n. Sie wissen . . . ?
C y r a n o.   Alles!
C h r i s t i a n.   Liebt sie mich?
C y r a n o.   Kann sein.

C h r i s t i a n *(seine Hände ergreifend).*
  Wahrlich, mein Herr, Sie sind mein guter Engel!
C y r a n o.
  Nun, dies Gefühl stellt sich recht plötzlich ein.
C h r i s t i a n. Verzeihn Sie mir . . .
C y r a n o *(ihn betrachtend und ihm die Hand auf die*
  Schulter legend).   Hübsch ist er schon, der Bengel!
C h r i s t i a n. Ach, wüßten Sie, wie hoch ich Sie verehre!
C y r a n o. Und all die Nasen . . .
C h r i s t i a n.   Nehm ich all' zurück.
C y r a n o. Du sollst ihr schreiben . . .
C h r i s t i a n.   Wehe mir!
C y r a n o.   Erkläre . . .
C h r i s t i a n.
  Schreiben! Dann ist's vorbei mit meinem Glück.
C y r a n o. Weshalb?
C h r i s t i a n.   Weil ich ein arger Dummkopf bin.
C y r a n o. Wärst du's, dann hieltest du dich nicht dafür.
  Schlagfert'gen Geist bewiesest du vorhin.
C h r i s t i a n. Ach, um den Feind zu treffen nach Gebühr,
  Reicht's wohl noch aus. Doch als ein blöder Wicht
  Verstumm ich vor den Frauen. Zwar, ich sehe
  Viel Huld in ihrem Blick, wenn ich vorübergehe . . .
C y r a n o. Und wenn du bleibst, in ihren Herzen nicht?
C h r i s t i a n. Ich konnte nie – so sehr ich mich gequält –
  Schön über Liebe sprechen.
C y r a n o.   Traun!
  Wär' ich von außen schöner anzuschaun,
  Am Sprechen hätt' es nicht bei mir gefehlt.
C h r i s t i a n. Ach, auf den zarten Ausdruck sich verstehn!
C y r a n o. Ach, siegen können im Vorübergehn.
C h r i s t i a n. Sie zählt zu den Preziösen; sie wird bald
  Von mir enttäuscht sein!
C y r a n o *(ihn betrachtend).*   Könnt' ich meine Gaben
  Einkleiden in so lockende Gestalt!
C h r i s t i a n *(verzweifelt).*
  O hätt' ich Redekunst!
C y r a n o *(entschlossen).*   Du sollst sie haben!
  Leih du mir deine Schönheit zum Entgelt!
  Zu zweit sind wir ein ganzer Liebesheld.
C h r i s t i a n. Wie?

C y r a n o.   Nachzusprechen wird dir wohl gelingen,
Was ich dir vorgesagt?
C h r i s t i a n.   Ja, wenn ich ahne ...
C y r a n o. So vor Enttäuschung schützest du Roxane.
Willst du, daß wir gemeinsam sie erringen,
Indem, aus meinem Büffelwams gehaucht,
Mein Geist in deine Seidenjacke taucht?
C h r i s t i a n. Cyrano ...!
C y r a n o.   Christian?
C h r i s t i a n.   Mir ist bang zumut!
C y r a n o.
Um rasch zu stürmen ihres Herzens Pforte,
Willst du mit deiner Lippen Glut
In eins verschmelzen meine glüh'nden Worte?
C h r i s t i a n. Dein Auge glänzt! –
C y r a n o.   Willst du?
C h r i s t i a n.   Das würde dir
Vergnügen machen?
C y r a n o *(berauscht)*. Mir? *(Sich beherrschend.)*
          Nun, uns Poeten
Verlockt zu manchem Spiel die Wißbegier.
Als Schatten will ich dir zur Seite treten:
So spenden wir einander Kraft und Halt;
Ich bin dein Geist, du meine Wohlgestalt.
C h r i s t i a n. Doch eines Briefes ist sie nun gewärtig!
Nie werd ich fähig sein ...
C y r a n o *(zieht aus seinem Wams den früher geschriebenen
Brief)*.   Hier ist er schon!
C h r i s t i a n. Wie?
C y r a n o.   Bis auf die Adresse fix und fertig.
C h r i s t i a n. Ich ...
C y r a n o.   Schick ihn ab; er hat den rechten Ton.
C h r i s t i a n. Du hast ...
C y r a n o.   Wir haben stets in unsern Taschen
Briefchen an eine Chloris ... unsres Traums,
An ein Gebilde wesenlosen Schaums,
Wonach wir wie nach einem Spielzeug haschen.
Nimm – und verleih dem Luftbild feste Züge;
Gib diesen Ausgeburten holder Lüge
Irdischen Wohnsitz und ein wahres Ziel.
Nimm! Du wirst zugestehn, wenn du gelesen,

Daß Redekunst mir eignet – auch im Spiel. –
So nimm doch!
C h r i s t i a n.   Da du blindlings ihn verfaßt,
Muß man nichts ändern? Wird er auf ihr Wesen
Auch völlig passen?
C y r a n o.   Wie ein Handschuh paßt!
C h r i s t i a n. Jedoch ...
C y r a n o.   Leichtgläubig sind wir, wenn wir lieben:
Sie schwört darauf, er sei für sie geschrieben!
C h r i s t i a n. Mein Freund!
(Er stürzt ihm in die Arme; sie halten sich umschlungen.)

Elfter Auftritt

Vorige. Die Kadetten. Carbon. Der Musketier. Lise.

E i n   K a d e t t *(die Tür halb öffnend).*
                        Es ist schon totenstill geworden ...
Kaum wag ich ... *(Er streckt den Kopf heraus.)*
            Was?!
A l l e   K a d e t t e n *(kommen herein und sehen die bei-
den in ihrer Umarmung).*   Ah! – Oh!
E i n   K a d e t t.   Die Hölle kracht!
(Allgemeinste Verblüffung.)
D e r   M u s k e t i e r *(spöttisch).*
Hoho!
C a r b o n.   Trat er in einen Büßerorden?
Wer ihn aufs eine Nasloch schlägt, dem reicht er
Das andre hin.
M u s k e t i e r.   Er duldet's, wenn man spricht
Von seiner Nase?
(Lise herbeirufend, mit triumphierender Miene.)
            Ha! nun gib mal acht!
(Er zieht demonstrativ Luft ein.)
Hm! ... Dieser Duft ... *(Sich zu Cyrano wendend.)*
                        Mein Herr, Sie haben's leichter.
Nach was denn riecht's hier?
C y r a n o *(ihn ohrfeigend).*   Nach Vergißmeinnicht!
*(Die Kadetten schlagen aus Freude darüber, daß sie
ihren Cyrano wiedererkennen, Purzelbäume.)*

Dritter Aufzug

Der Kuß Roxanens

*Ein kleiner Platz im Marais (einem alten Pariser Stadt-
viertel). Altertümliche Häuser; Ausblick in mehrere Gas-
sen.*
*Rechts das Haus Roxanens und die Mauer ihres Gartens,
über welche dichtes Laubwerk nach vorn überhängt; über
der Tür ein Fenster mit Balkon; neben der Tür eine
Bank.*
*Efeu überspinnt die Mauer; Jasmin umrankt den Balkon.
Über die Bank und die vorspringenden Steine der Mauer
ist der Balkon leicht zu erklettern.*
*Gegenüber ein altes Haus von gleicher Bauart, Stein und
Ziegel, mit einer Eingangstür. Der Türklopfer ist in
Leinwand eingewickelt wie ein kranker Daumen.*
*Beim Aufgehen des Vorhangs sitzt die Duenna auf der
Bank. Das Balkonfenster steht weit offen.*
*Vor der Duenna steht Ragueneau, in eine Art von
Livree gekleidet. Er beendet, sich die Augen wischend,
eine Erzählung.*

Erster Auftritt

*Ragueneau. Die Duenna. Dann Roxane, Cyrano und
zwei Pagen.*

R a g e n e a u. ... Sie lief davon mit einem Musketier!
Ich hing mich auf, von Leid und Not bedrängt;
Doch Herr Cyrano hat mich wieder abgehängt
Und machte mich zum Haushofmeister hier.
D u e n n a. Wie sind Sie denn in solche Not geraten?
R a g u e n e a u.
Ich war den Dichtern hold, *sie* den Soldaten!
Mars aß die Kuchen, die Apoll verschonte:
Kein Wunder, wenn sich das Geschäft nicht lohnte!
D u e n n a *(erhebt sich und ruft nach dem offenen Fenster
hin).* Roxane, noch nicht fertig?

Stimme Roxanens *(von oben).*   Ja, sofort!

Duenna *(zeigt Ragueneau das Haus gegenüber).*
Clomire nämlich lud uns ein. Sie hat
Empfangstag heut in ihrem Hause dort.
Ein Vortrag über Minne findet statt.

Ragueneau.
Minne?

Duenna *(verschämt).*
            Ja! ... *(Nach dem Fenster rufend.)* Schnell!
                        Damit uns nicht entrinne
Der Anfang von dem Vortrag über Minne!

Stimme Roxanens. Gleich!
*(Man hört eine sich nähernde Musik von Saiteninstru-
menten.)*

Stimme Cyranos *(hinter der Szene singend).*
La! La! La!

Duenna *(überrascht).*   Musik?

Cyrano *(kommt, gefolgt von zwei Pagen, welche Theorbe
spielen.)*   Falsch der Akkord!
Fis! Fis! Nicht f, du Äffchen!

Erster Page *(ironisch).*   Zählen Sie
Vielleicht gar selber zu den Virtuosen?

Cyrano. Meinst du, daß ich umsonst bei Gassendi
Musik studiert?

Der Page *(spielend und singend).*
            La! La!

Cyrano *(entreißt ihm die Theorbe und nimmt die
Melodie auf).*   Gib her! Ich fahre fort ...
La! La.

Roxane *(auf dem Balkon erscheinend).*
        Sie sind's!

Cyrano *(in der Melodie weitersingend).*
            Und meiner Grüße Schar
Neigt sich vor Ihren Lilien und Ro ... sen.

Roxane. Ich komm hinab! *(Sie verläßt den Balkon.)*

Duenna *(auf die Pagen deutend).*
                    Was für ein Künstlerpaar!

Cyrano.
Ein Wettgewinst. Ein Freund und ich, wir stritten
Grammatikalisch über eine Regel ...
Da plötzlich zeigt er mir die beiden Flegel,

Die klimpertatzig ihm auf allen Schritten
Nachlaufen müssen, und ruft laut: »Ich wette
Um einen Tag Musik!« Topp! – Er verlor,
Und bis Gott Phöbus wieder steigt empor,
Schlepp ich die zwei samt ihrem Lautenspiel
Am Beine nach als melodiöse Kette.
Zuerst war's hübsch; nun wird's mir schon zuviel.
(Zu den Pagen.)
He! Gebt in meinem Namen ein Konzert
Vorm Hause Montfleurys!
(Die Pagen gehen nach dem Hintergrund. – Zur Duenna.)
                       Ich möcht' erkunden,
Ob immer noch Roxane ...
(Zu den abgehenden Pagen.)
                       Kratzt und plärrt!
(Zur Duenna.)
... an ihrem Liebsten keinen Fehl gefunden.
R o x a n e *(tritt aus dem Hause).*
Ach, er ist schön und geistvoll und geliebt.
C y r a n o *(lächelnd).*
Hat er viel Geist?
R o x a n e.   Mehr, als Sie selber haben!
C y r a n o. Natürlich.
R o x a n e.   Ja, die Welt hat keinen zweiten,
Der jedes Nichts mit solchem Glanz umgibt!
Manchmal verbirgt er stockend seine Gaben;
Dann aber spricht er wieder Kostbarkeiten!
C y r a n o *(ungläubig).*
Ach nein!
R o x a n e *(ärgerlich).*
        Euch Männern gilt das für erledigt:
Der Schönheit müss' es stets an Geist gebrechen!
C y r a n o. Kann er denn geistreich von der Liebe sprechen?
R o x a n e. Er von ihr sprechen! Mehr als das: er predigt!
C y r a n o. Schreibt er?
R o x a n e.   Und wie! Zum Beispiel:
(Sie deklamiert:)
                      »Ganz in eines
Verschmelzen sich zwei Herzen.«
(Triumphierend.)   Nun?
C y r a n o *(geringschätzig).*   Recht gut!

R o x a n e. Sodann: »Du stahlest mir ein Herz voll Glut,
  Und zum Ersatze nun verlang ich deines.«
C y r a n o. Bald *eins*, bald *zwei* hat er sich ausgebeten.
  Wie viele Herzen will er nun?
R o x a n e.   O schmählich!
  Das ist die Eifersucht . . .
C y r a n o *(zitternd)*.   Wie?
R o x a n e.   Des Poeten! –
  Und klingt nicht folgendes unwiderstehlich?
  »Mein Mut zerschellt an deines Reizes Klippen;
  Doch gäb' es Küsse, die man nur geschrieben,
  Du läsest meine Briefe mit den Lippen!«
C y r a n o *(vor Befriedigung unwillkürlich lächelnd)*.
  Hm! Diese Wendung ist . . . *(sich beherrschend, gering-*
  schätzig)   recht übertrieben.
R o x a n e. Und ferner . . .
C y r a n o *(entzückt)*.   Können Sie denn jede Zeile
  Auswendig?
R o x a n e.   Jede!
C y r a n o.   Weit hat er's gebracht!
R o x a n e. Er ist ein Meister!
C y r a n o *(bescheiden abwehrend)*.
                                        Oh! –
R o x a n e *(mit Entschiedenheit)*.
                                    Ein Meister!
C y r a n o.   Abgemacht!
D u e n n a *(die nach dem Hintergrund gegangen war,*
  kommt schnell nach vorn).
  Graf Guiche!
  (Zu Cyrano, ihn nach dem Hause zu drängend.)
                    Ich bitte, gehn Sie mittlerweile
  Ins Haus hinein. Er soll Sie nicht erblicken;
  Sonst könnt' er wittern . . .
R o x a n e *(zu Cyrano)*.   Was geheim ich hüte.
  Er liebt mich und hat Macht genug, die Blüte,
  Die mich beglückt, mit rauher Hand zu knicken.
C y r a n o *(ins Haus gehend)*.
  Gut!

Zweiter Auftritt

Roxane. Guiche. Duenna (im Hintergrund).

R o x a n e *(zu Guiche, mit einem Knicks).*
Ausgehn wollt' ich grad ...
G u i c h e.   Und ich will Abschied nehmen.
R o x a n e. Sie reisen?
G u i c h e.   In den Krieg.
R o x a n e.   Ah!
G u i c h e.   Heut noch.
R o x a n e.   Oh!
G u i c h e. Ja, zur Belagerung von Arras.
R o x a n e.   So?
G u i c h e. Dies Lebewohl scheint Sie nicht sehr zu grämen.
R o x a n e. Doch!
G u i c h e.   *Mir* wird's schwer, so lange Sie zu missen.
Man hat zum Oberst mich ernannt; Sie wissen?
R o x a n e *(gleichgültig).*
Bravo!
G u i c h e.   Vom Gardecorps.
R o x a n e *(betroffen).*   Vom Gardecorps?
G u i c h e. In dem Ihr Vetter dient. Ich will gebührlich
Vergelten seinen beißenden Humor!
R o x a n e *(angstvoll).*
Die Garden müssen mit ins Feld?
G u i c h e *(lachend).*   Natürlich.
R o x a n e (auf die Bank sinkend, für sich).
Christian!
G u i c h e. Was haben Sie?
R o x a n e.   Mein Herz wird brechen! ...
Im Krieg zu wissen, wen's am liebsten mag!
G u i c h e *(freudig überrascht).*
Das erste holde Wort – am Trennungstag!
R o x a n e *(in anderem Ton, sich fächelnd).*
Sie wollen sich an meinem Vetter rächen?
G u i c h e *(lächelnd).*
Sind Sie für ihn?
R o x a n e.   Im Gegenteil!
G u i c h e.   Sie sehen
Ihn oft?

R o x a n e.   Sehr selten.
G u i c h e.   Meist mit ihm zu gehen
  Pflegt dieser ... *(er sucht nach dem Namen)*
                    Neu ...
R o x a n e.   Der lange junge Mann?
G u i c h e. Blond!
R o x a n e.   Rot!
G u i c h e.   Hübsch! –
R o x a n e.   Pah!
G u i c h e.   Doch dumm.
R o x a n e.   Man sieht's ihm an.
  (In anderem Ton.)
  Wenn Sie jedoch Cyrano der Gefahr
  Aussetzen, die er liebt – heißt das an Rache denken?
  Ich wüßte, was ihn tödlich würde kränken.
G u i c h e. Nun?
R o x a n e.   Wenn zurückgelassen in Paris
  Samt seiner teuren Kadettenschar
  Dem Krieg er müßig zusieht. Ja, nur dies
  Verwundet ihn; nur wer im sichern Hafen
  Ihn vor dem Sturm behütet, kann ihn strafen.
G u i c h e. O Weiber! Niemand kommt in diesem Fache
  Euch gleich!
R o x a n e.   Das würd' ihn martern bis aufs Blut,
  Ihn und die Freunde; das wär' eine Rache!
G u i c h e *(sich ihr nähernd)*.
  Sind Sie mir in der Tat ein wenig gut?
  (Sie lächelt.)
  Der Beistand, den Sie meinem Haß verliehn,
  Ist ein Beweis von Neigung.
R o x a n e.   Ohne Frage.
G u i c h e *(mehrere versiegelte Schriftstücke hervorziehend)*.
  Der Marschbefehl, den ich hier bei mir trage,
  Gelangt sogleich an alle Kompanien.
  (Er sondert ein Schriftstück ab.)
  Nur der für die Kadetten ...
  (es in die Tasche steckend)   bleibt zurück.
  (Lachend.)
  Haha! Das wird ihn von der Prahlsucht heilen! –
  Sie foppen wohl die Leute gern?
R o x a n e.   Zuweilen.

G u i c h e *(ihr ganz nahe tretend).*
  Es macht mich toll! Heut, wo das höchste Glück
  Mir endlich winkt – heut muß ich Sie verlassen! –
  O hören Sie! Dort liegt, nur ein paar Gassen
  Entfernt, ein Kloster frommer Kapuziner.
  Kein Laie dringt in ihre Einsamkeit.
  Mich aber lassen wohl die Gottesdiener
  In ihren Ärmel schlüpfen: er ist weit.
  Da sie den Dienst bei Richelieu besorgen,
  Erzittern sie vor seines Neffen Macht. –
  Man glaubt mich abgereist; in Maskentracht
  Kehr ich zurück und bleibe noch bis morgen! –
R o x a n e. Wenn man's erfährt – Ihr Name . . .
G u i c h e.   Pah!
R o x a n e.   Die Pflicht . . .
G u i c h e. Gestatten Sie . . .?
R o x a n e.   Nein.
G u i c h e.   Du gestattest nicht?
R o x a n e. Sie sollen reisen!
G u i c h e.   Doch . . .
R o x a n e *(für sich).*   Christian bleibt da!
  (Laut.) Sei'n Sie ein Held – Antoine!
G u i c h e.   Dies Wort belebt!
  Sie lieben . . .
R o x a n e.   Ihn, für den ich so gebebt.
G u i c h e *(entzückt).*
  Ich reise! *(Ihr die Hand küssend.)* Sind Sie nun zufrieden?
R o x a n e *(zärtlich).*   Ja!
  (Guiche geht ab.)
D u e n n a *(Roxane nachahmend, macht ihm hinter seinem
  Rücken einen komischen Knicks.)*
  Ja!
R o x a n e *(zu Duenna).*
    Sag Cyrano nichts! Er würde grollen,
  Weil ich ihm seinen lieben Krieg geraubt.
  (Sie ruft ins Haus.)
  Vetter!

Dritter Auftritt

> *Roxane. Duenna. Cyrano.*

R o x a n e *(nach der Tür gegenüber zeigend).*
            Clomire wartet längst. Wir wollen
Den Vortrag hören.
D u e n n a *(besorgt).*   Wenn's nicht überhaupt
Zu spät ist!
C y r a n o *(zu Roxane).*   Meinen Gruß dem Narrenhause!
*(Roxane und Duenna sind an Clomirens Haustür ange-
langt.)*
D u e n n a *(begeistert).*
Mit Leinwand zugewickelt ist der Klopfer!
(Zum Türklopfer.) Damit du nicht das zarte Musenopfer
Mit deinem plumpen Lärme störst – Banause!
*(Sie hebt ihn mit größter Behutsamkeit auf und klopft
ganz zart.)*
R o x a n e *(auf der Schwelle der geöffneten Tür, zu Cy-
rano).*
Christian soll warten, wenn er kommt!
C y r a n o *(während sie hineingehen will, rasch).*
                              Hm, ich ...
(Sie dreht sich um.)
Worüber soll sich heut sein Redeschwung
Verbreiten?
R o x a n e.   Über ...
C y r a n o *(eifrig).*   Über?
R o x a n e.   Doch Sie schweigen!
C y r a n o. Oh, wie das Grab!
R o x a n e.   Ich werd ihm sagen: Sprich
Von Liebe, feurig, voll Begeisterung,
Mit allem Glanz und Zauber, der dir eigen!
C y r a n o *(lächelnd).*
Schön!
R o x a n e.   Doch kein Wort!
(Sie schließt die Tür hinter sich.)
C y r a n o *(ihr eine Verbeugung nachsendend).* So recht!
R o x a n e *(noch einmal den Kopf herausstreckend).*
                              Denn er bereitet
Sich sonst drauf vor.

C y r a n o.   I Gott bewahr'!
B e i d e *(gleichzeitig).*   Kein Wort!
  (Sie schließt die Tür.)
C y r a n o *(ruft).*
  Christian!

Vierter Auftritt

  Cyrano. Christian.

C y r a n o.   Schon hab ich alles eingeleitet.
  Du wirst heut prangen! Schau nicht brummig drein!
  Schärf dein Gedächtnis und komm schnell mit fort
  Zu deinem Haus! Ich will dich lehren ...
C h r i s t i a n.   Nein!
C y r a n o. Wie?
C h r i s t i a n.   Hier erwart ich sie.
C y r a n o.   Mensch, rasest du?
  Komm mit und lerne ...
C h r i s t i a n.   Nein, ich hab es satt,
  Mit stetem Zittern jedes Wort und Blatt
  Dir nachzukäu'n! Im Anfang gab ich's zu.
  Doch nun ich weiß, daß ich ihr Herz gewann,
  Will ich getrost auf eignen Füßen stehn.
C y r a n o. O weh!
C h r i s t i a n.   Bezweifelst du, daß ich es kann?
  Ich bin nicht gar so dumm! Du wirst schon sehn.
  In deiner guten Schule ward ich klug,
  Und wenn ich redend nicht den Sieg gewinne,
  Ei, schließlich ist mein Kuß beredt genug! –
  (Er bemerkt Roxane, die aus Clomirens Hause tritt.)
  Sie kommt! Geh nicht, Cyrano! Weile noch!
C y r a n o. Sprich nur allein!
  (Er verschwindet hinter der Gartenmauer.)

Fünfter Auftritt

Christian. Roxane. Duenna.

R o x a n e *(verabschiedet sich von einer Gesellschaft, welche
mit ihr Clomirens Haus verlassen hat, unter umständ-
lichen Komplimenten).*
                              Lebt wohl! –
D u e n n a *(trostlos).*   Nun also doch
Versäumten wir den Vortrag über Minne!
(Sie geht in Roxanens Haus.)
R o x a n e *(immer noch Abschied nehmend).*
Lebt wohl!
*(Alle verneigen sich vor Roxane, dann abermals vor-
einander, trennen sich und entfernen sich durch verschie-
dene Straßen. Roxane sieht Christian.)*
Christian! *(Sie geht zu ihm.)*   Es dunkelt. Einsam ruhn
Die Straßen. Kommen Sie! – Wo sind wir stehngeblieben?
C h r i s t i a n *(setzt sich neben sie auf die Bank; nach
einer kleinen Pause).*
Ich liebe Sie.
R o x a n e *(die Augen schließend).*
                  Ja, sprechen Sie vom Lieben!
C h r i s t i a n. Ich liebe dich.
R o x a n e.   Dies ist das Thema; nun
Verzieren Sie's!
C h r i s t i a n.   Ich liebe dich so heiß ...
R o x a n e. Ja. Weiter!
C h r i s t i a n.   Weiter ... Ach, wenn ich nur weiß,
Ob Sie mich lieben! Liebst du mich, Roxane?
R o x a n e *(die Nase rümpfend).*
Sie bieten saure Milch, und ich will Sahne.
Erklären Sie, wie Sie mich lieben!
C h r i s t i a n.   Sehr.
R o x a n e. In welcher Art?
C h r i s t i a n.   Mehr als ich sagen kann!
R o x a n e. Christian!
C h r i s t i a n.   Ich liebe dich!
R o x a n e *(will aufstehen).*   Das sagten Sie vorher.
C h r i s t i a n *(sie lebhaft zurückhaltend).*
Nein, nein, ich liebe nicht!

R o x a n e *(setzt sich wieder).* Ach?
C h r i s t i a n. Denn ich bete an!
R o x a n e *(steht auf und entfernt sich von ihm).*
Oh! –
C h r i s t i a n. Den Verstand verlier ich!
R o x a n e. Leider ja,
Und Unverstand macht selbst die Schönheit häßlich.
C h r i s t i a n.
Indes ...
R o x a n e. Für heute scheint Ihr Geist entflohn.
C h r i s t i a n. Ich ...
R o x a n e. Ja, Sie lieben mich. Gut Nacht.
(Sie geht auf das Haus zu.)
C h r i s t i a n. Bleib da!
Vernimm ...
R o x a n e *(die Haustür öffnend).*
Sie beten an; das weiß ich schon.
Gehn Sie!
C h r i s t i a n. Doch ...
(Sie schließt ihm vor der Nase die Tür.)
C y r a n o *(der einen Augenblick zuvor unbemerkt wieder
eingetreten ist).* Der Erfolg ist unermeßlich!

Sechster Auftritt

Christian. Cyrano. Später die Pagen.

C h r i s t i a n. O hilf mir!
C y r a n o. Nein!
C h r i s t i a n. Ich muß um jeden Preis
Sie gleich versöhnen!
C y r a n o. Gleich? Um Himmels willen!
Vermöcht' ich denn so schnell dich einzudrillen?
C h r i s t i a n *(ihn beim Arm packend).*
Schau dort!
(Hinter dem Balkonfenster ist Licht angezündet worden.)
C y r a n o *(bewegt).*
Ihr Fenster.
C h r i s t i a n. Ich muß sterben ...
C y r a n o. Leise!

C h r i s t i a n *(ganz leise).*
  Sterben!
C y r a n o.   Die Dunkelheit! . . .
C h r i s t i a n.   Nun?
C y r a n o.   So wird's gehn!
  Du Schelm verdienst zwar nicht . . . Stell dich hier hin!
                                              Ich will
  Dort, unter dem Balkon, verborgen stehn
  Und dir soufflieren!
C h r i s t i a n.   Aber wenn . . .
C y r a n o.   Sei still!
D i e P a g e n *(im Hintergrund erscheinend, zu Cyrano).*
  He!
C y r a n o *(macht ihnen ein Zeichen, daß sie leise sprechen
  sollen).* Pst!
E r s t e r P a g e *(halblaut).*
                  Wir brachten Montfleury das Ständchen.
C y r a n o *(schnell und leise).*
  Verteilt euch an die beiden Straßenendchen.
  Paßt auf, und naht sich jemand, zeigt es an
  Mit einem Tonstück!
Z w e i t e r P a g e.   Welches Tonstück soll
  Das sein, Herr Virtuose?
C y r a n o.   Kommt ein Mann,
  Dann spielt in Dur, und kommt ein Weib, in Moll.
  (Die Pagen gehen nach entgegengesetzten Richtungen ab.)
  Ruf sie!
C h r i s t i a n.   Roxane!
C y r a n o *(liest Kiesel auf und wirft sie gegen das Fen-
  ster).*   Steinchen an die Scheibe!
R o x a n e *(das Fenster halb öffnend).*
  Wer ruft?
C h r i s t i a n.   Ich!
R o x a n e.   Wer?
C h r i s t i a n.   Ich, Christian, bin's.
R o x a n e *(geringschätzig).*   Ach, der!
C h r i s t i a n.   Ich muß Sie sprechen.
C y r a n o *(unter dem Balkon zu Christian).*
                                    Gut. Mehr Flüsterton.
R o x a n e.
  Sie sprechen mir zu schlecht. Gehn Sie nach Haus!

C h r i s t i a n.   Ich bleibe!
R o x a n e. Sie lieben mich nicht mehr!
C h r i s t i a n *(welchem Cyrano soufliert)*.
                                        Nicht mehr?! Viel mehr,
    Viel mehr ... als ... jemals.
R o x a n e *(welche das Fenster schließen wollte, hält inne)*.
                                        Das war besser schon.
C h r i s t i a n *(wie oben)*.
    Die Liebe wuchs, gewiegt ... vom Glutverlangen,
    So wild und groß, daß ... man vor ihr erschrickt.
R o x a n e *(auf den Balkon heraustretend)*.
    Schon besser! – Doch warum hat man den Rangen
    Nicht in der Wiege schon erstickt?
C h r i s t i a n *(wie oben)*.
    Ich hab es ... tausendmal versucht; indes
    Der ... Neugeborne war ein ... Herkules.
R o x a n e. Viel besser!
C h r i s t i a n *(wie oben)*.
                                Schnell hat er ... die beiden Ottern
    Erwürgt ... den Stolz und ... Zweifel.
R o x a n e *(sich auf das Geländer des Balkons lehnend)*.
                                        Gut gesagt;
    Sehr gut! Nur weiß ich nicht, warum Sie stottern.
    Ist Ihre Phantasie von Gicht geplagt?
C y r a n o *(zieht Christian unter den Balkon und schlüpft
    an seinen Platz)*.
    So geht's nicht! Wart! Ich selbst ...
R o x a n e.   Warum so träg
    Sind Ihre Worte?
C y r a n o *(halblaut sprechend, wie Christian)*.
                                Weil durch nächt'gen Flor
    Sich jedes tasten muß nach Ihrem Ohr.
R o x a n e. Die meinen finden leichter ihren Weg.
C y r a n o.
    Das glaub ich gern! Mit schwebendem Gefieder
    Ziehn sie mir gradeswegs ins Herz hinein:
    Mein Herz ist groß; Ihr Ohr jedoch ist klein.
    Auch steigen Ihre Worte leicht hernieder;
    Die meinen gehn bergauf, und das ist schwer.
R o x a n e. Sie gehn viel besser nun, als kurz vorher.
C y r a n o. Nun sind sie mit der Kletterkunst vertraut.

R o x a n e.
  So sehr, daß sie zugleich auch mich erhöhten.
C y r a n o. Ja, wenn so hoch herab ein harter Laut
  Aufs Herz mir fiele, würd' er flugs mich töten.
R o x a n e *(mit einer Bewegung)*.
  Ich komme!
C y r a n o *(rasch)*. Nein!
R o x a n e.   Erklimmen Sie die Bank!
C y r a n o *(erschreckt zurückweichend)*.
  Nein!
R o x a n e. Wie?
C y r a n o *(mehr und mehr hingerissen)*.
                Nein, dieser Stunde sag ich Dank,
  Wo wir so lieblich miteinander flüstern
  Und uns nicht sehn.
R o x a n e.   Nicht sehn?
C y r a n o.   Ist's nicht ein Traum?
  Wir sind uns nah und ahnen uns doch kaum.
  Sie sehen, daß ein Mantel schleift im Düstern,
  Ich seh des weißen Sommerkleides Flimmer:
  Ich bin ein Schatten nur, Sie nur ein Schimmer.
  O wüßten Sie, was dies für mich bedeute!
  Denn – war ich je beredt . . .
R o x a n e.   Sie waren's oft!
C y r a n o. Nein, was mein Innerstes erbangt und hofft,
  Verschweig ich noch.
R o x a n e.   Warum?
C y r a n o.   Weil ich . . . bis heute
  Gebannt war . . .
R o x a n e.   Wie?
C y r a n o.   Von Ihrer Augen Strahl!
  Doch von dem Zauber dieser Nacht berauscht,
  Sprech ich mit Ihnen heut zum erstenmal!
R o x a n e. Drum klingt auch Ihre Stimme wie vertauscht.
C y r a n o *(sich nähernd, leidenschaftlich)*.
  Ja; denn das Dunkel raubte mir die Scheu.
  Jetzt wag ich erst . . .
  (Er hält verwirrt inne.) Ich weiß nicht, was ich spreche!
  Dies alles – o verzeihn Sie mir die Schwäche –
  Dies ist für mich so wonnig und so neu!
R o x a n e. So neu?

C y r a n o *(sucht sich vergeblich zu sammeln).*

So neu ... Denn jedesmal verlor

Ich meinen Mut ... aus Furcht vor Scherzen ...

R o x a n e. Scherzen?
Wieso?

C y r a n o. Weil ich ... ein Schwärmer bin. Dem Herzen
Bind ich aus Scham den Geist als Maske vor
Und muß mich, wenn ich Sterne möchte pflücken,
Aus Angst vor Spott nach Redeblümchen bücken.

R o x a n e. Sehr hübsch sind Redeblümchen.

C y r a n o. Heute nicht!

R o x a n e. So hört' ich Ihre Stimme niemals klingen!

C y r a n o.
Heut nichts vom Liebespfeil, von Amors Schlingen!
Frisch sei der Kranz, den unsre Liebe flicht,
Und statt vom Musenquell ein Tröpfchen nur
Aus einem goldnen Fingerhut zu schlürfen,
Soll unsre Seele heut sich tränken dürfen
Vom großen, breiten Strome der Natur!

R o x a n e. Jedoch der Geist ...

C y r a n o. Verlockte Sie zum Bleiben.
Jetzt aber wär' es Kränkung dieser Nacht
Und all der Düfte, die ringsum erwacht,
Zu sprechen, wie gezierte Dichter schreiben. –
Ein einz'ger Blick empor zu den Gestirnen –
Und unser künstlich Feuerwerk verschwand.
Ich fürchte, daß in unsern zarten Hirnen
Von ehrlichem Gefühl nichts übrigbliebe,
Wenn wir uns beugten vor so leerem Tand;
Denn feinste Feinheit wird zur kleinsten Kleinheit.

R o x a n e. Jedoch der Geist ...

C y r a n o. Ich haß ihn in der Liebe!
Vorlaut zerstört er unsres Herzens Einheit!
Denn unausbleiblich kommen wird die Zeit –
Und wem sie nicht kommt, der ist zu beklagen –,
Wo mit so heil'gem Ernst die Herzen schlagen,
daß jeder Redezierat ihn entweiht.

R o x a n e. Und kommt die Zeit, in was für Worten dann
Wird sich Ihr Herz ergehn?

C y r a n o. In allen, allen,
Die mich in bunter Wildheit überfallen,

Bevor ich sie zum Sträußchen binden kann:
Ich liebe dich, bin toll, verrückt, von Sinnen;
Zum Glockenspiele machtest du mein Herz,
Und weil es bebt in Sehnsucht und Frohlocken,
Drum tönt dein Name laut von allen Glocken.
Nichts, was die Liebste tut, kann mir entrinnen:
Du trugst vergangnes Jahr am neunten März
Anders dein Haar geordnet als am achten.
Entschwindet mir's, dann scheint der Tag zu nachten,
Wer sich zu lang der Sonne zugewendet,
Der sieht ein goldnes Rund an allen Ecken,
Und ich, von deiner Locken Glanz geblendet,
Gewahre, von dir fern, rings blonde Flecken.

R o x a n e *(mit bewegter Stimme).*
Ja, das ist Liebe ...

C y r a n o.   Dies Gefühl, das mich
Hinreißt in Eifersucht und Leidenschaft,
Ist wahrlich Liebe, hat die Qual und Kraft
Der Liebe – und verlangt doch nichts für sich.
Mein Heil, ich gäb' es für das deine gern,
Und ewig bliebe dir mein Tun verschwiegen;
Den Abglanz nur möcht' ich erspähn von fern
Des Glücks, das meinem Opfer wär' entstiegen! –
Ein jeder Blick von dir läßt eine Tat,
Läßt eine neue Tugend in mir reifen!
Verstehst du nun? Beginnst du zu begreifen,
Daß durch die Nacht dir meine Seele naht?
O süße, süße Nacht! O holdes Werben!
Dies alles sag ich, und sie lauscht mir, sie!
Das ist zu viel! So hoch verstieg sich nie
Mein kühnstes Hoffen. Könnt' ich jetzt nur sterben!
Die Liebeskraft, die meinen Worten eigen,
Läßt sie dort zittern zwischen blauen Zweigen!
Ja, ja, Sie zittern wie das Laub im Wind!
Du zitterst! Und am leisen Blätterweben
Spür ich, wie deiner Hände süßes Beben
Leicht am Jasmingeranke niederrinnt.
(Er küßt leidenschaftlich das Ende eines herabhängenden
Zweiges.)

R o x a n e. Geliebter, ja, ich zittre, bin entflammt
Und bin berauscht.

C y r a n o.   O göttlicher Genuß,
Daß dieser Rausch mir, mir allein entstammt!
Nichts andres fordr' ich mehr als ...
C h r i s t i a n *(unter dem Balkon).*   Einen Kuß!
R o x a n e *(zurückprallend).*
Wie?
C y r a n o.   Oh?!
R o x a n e.   Sie fordern ...?
C y r a n o.   Ich ... *(Leise zu Christian.)*
                                Hab doch Geduld!
C h r i s t i a n.
Nein, jetzt ist sie gerührt; das muß ich nützen.
C y r a n o *(zu Roxane).*
Ich fordre ... nichts; denn Ihre große Huld
Will ich vor meiner eignen Kühnheit schützen.
R o x a n e *(ein wenig enttäuscht).*
So leicht verzichten Sie?
C y r a n o.   Nein ... der Verzicht
Ist schwer! Wenn Ihre Gnade mir verzieh ...
Und dennoch, diesen Kuß ... ich fordr' ihn nicht.
C h r i s t i a n *(Cyrano am Mantel ziehend).*
Warum nicht?
C y r a n o.   Christian, schweig!
R o x a n e *(sich vornüber beugend).*   Was flüstern Sie?
C y r a n o.   Weil ich die Fordrung als zu dreist empfand,
Drum sagt' ich zu mir selber: Christian, schweig!
(Die Theorben beginnen zu spielen.)
Doch horch! Man kommt!
*(Roxane zieht sich zurück und schließt das Fenster.
Cyrano lauscht den Theorben, von denen die eine ein
ausgelassenes, die andere ein getragenes Stück spielt.)*
        Dur? – Moll? – Zwiefacher Fingerzeig?
Ein Mann? Ein Weib? – Es ist ein Mönchsgewand!
*(Ein Kapuziner erscheint, mit einer Laterne in der Hand,
und geht suchend von Haus zu Haus.)*

Siebenter Auftritt

  Cyrano. Christian. Ein Kapuziner.

C y r a n o *(zum Kapuziner).*
  Sind Sie vielleicht Diogenes der Zweite?
K a p u z i n e r. Wohnt in der Nähe hier ...
C h r i s t i a n.   Verwünschte Störung!
K a p u z i n e r. Fräulein Robin?
C h r i s t i a n.   Was soll das?
C y r a n o *(nach dem Hintergrund zeigend).* Rechte Seite!
  Gradaus!
K a p u z i n e r. Ich will für Sie, zum Danke, ganz
  Herunterbeten meinen Rosenkranz.
  (Er geht ab.)
C y r a n o *(ihm nachrufend).*
  Viel Glück! Und Ihr Gebet gewinn' Erhörung!

Achter Auftritt

  Cyrano. Christian.

C h r i s t i a n. Schaff mir den Kuß!
C y r a n o.   Nein!
C h r i s t i a n.   Kommen wird die Zeit ...
C y r a n o. Ja, du hast recht! Erscheinen wird die Stunde,
  Wo sich vereint in sel'ger Trunkenheit
  Dein blonder Bart mit ihrem roten Munde.
  (Halb für sich.)
  Ich ziehe vor, weil sie ja kommen muß ...
  *(Man hört das Fenster sich öffnen. Christian verbirgt
  sich wieder unter dem Balkon.)*

Neunter Auftritt

  Vorige. Roxane.

R o x a n e *(auf den Balkon heraustretend).*
  Sind Sie's? – Wir sprachen von ... von ...

C y r a n o.   Einem Kuß.
  Warum will Ihre Lippe nicht ihn wagen?
  Wenn er drauf glüht, sie bleibt doch unversengt.
  Warum vor ihm erschrecken und verzagen?
  Ward Ihre Tändelei nicht oft verdrängt
  Von einer jähen, rätselhaften Trauer?
  Ein Lächeln, das in Seufzer überglitt
  Und dann in Tränen? Nur noch einen Schritt!
  Denn zwischen Trän' und Kuß liegt nur ein Schauer.
R o x a n e. O still!
C y r a n o.   Wird man durch einen Kuß zum Diebe?
  Er ist ein trauliches Gelübde nur,
  Ein zart Bekenntnis, ein gehauchter Schwur,
  Ein Rosenpünktchen auf dem i der Liebe;
  Ein Wunsch, dem Mund gebeichtet, statt dem Ohr,
  Ein liebliches Geräusch wie Bienensummen,
  Ein Traum der Ewigkeit, ein duftiges Verstummen.
  Die Seele schwebt zum Lippenrand empor
  Und gibt sich als ein süßes Naschwerk hin.
R o x a n e. O still!
C y r a n o.   So vornehm ist, so einwandsfrei
  Der Kuß, daß ihn selbst Frankreichs Königin
  Dem glücklichsten der Lords gewährt hat.
R o x a n e.   Ei!
C y r a n o. Und so wie Buckingham streb ich vermessen,
  Du Königin, empor zu deinen Höhn;
  Ich bin wie er elend und treu ...
R o x a n e.   Und schön
  Wie er!
C y r a n o *(ernüchtert, halb für sich).*
      Und schön, das hatt' ich ganz vergessen.
R o x a n e. So komm und pflück dies duftige Verstummen.
C y r a n o *(Christian nach dem Balkon drängend).*
  Hinauf!
R o x a n e.   Das Naschwerk ...
C y r a n o.   Steig!
R o x a n e.   Das Bienensummen ...
C y r a n o. Hinauf!
C h r i s t i a n *(zögernd).*
        Gleich jetzt? Mir täte Sammlung not ...
R o x a n e. Den Traum der Ewigkeit! –

C y r a n o *(ihn stoßend).*   Hinauf, Idiot!
(Christian schwingt sich mit Hilfe der Bank, des Laub-
werks und der Mauerpfeiler bis zum Balkongeländer und
steigt darüber.)
C h r i s t i a n. Roxane! –
(Er umschlingt und küßt sie.)
C y r a n o.   Welch ein Herzkrampf! Oh, der Kuß!
Ein Liebesfest, und ich bin – Lazarus.
Und doch empfang ich, schmachtend an der Pforte,
Brosamen von dem Mahl, das ihn beglückt:
Er hat ihr Aug' und ich ihr Herz entzückt;
Auf seinen Lippen küßt sie meine Worte!
(Man hört die Theorben.)
Dur – Moll: der Kapuziner! *(Er tut, als käme er eben*
gelaufen, und ruft laut.)   He!
R o x a n e.   Wer rief?
C y r a n o. Ich bin's. Christian noch da?
C h r i s t i a n *(sehr erstaunt).*   Cyrano, du?
R o x a n e. Herr Vetter!
C y r a n o.   Guten Tag!
R o x a n e.   Ich komm im Nu!
(Sie verschwindet ins Haus. Im Hintergrund erscheint der
Kapuziner.)
C h r i s t i a n *(den Kapuziner bemerkend).*
Schon wieder der! *(Er folgt Roxane.)*

Zehnter Auftritt

Vorige. Der Kapuziner. Ragueneau.

K a p u z i n e r.   Gewiß, hier muß es sein –
Robin!
C y r a n o. Sie sagten doch Ro-lin.
K a p u z i n e r.   O nein!
B, i, n – bin!
R o x a n e *(erscheint in der Haustür, gefolgt von Ragu-*
neau, welcher eine Laterne trägt, und Christian).
                Was gibt's?
K a p u z i n e r.   Hier ist ein Brief.
C h r i s t i a n. Wie?

Kapuziner *(zu Roxane).*

Sicher handelt er von heil'gen Dingen!
Denn ein sehr frommer Herr . . .

Roxane *(zu Christian).*   Graf Guiche!

Christian.   Er kann es wagen . . .

Roxane.

Ja; doch den Sieg wird er sich nicht erzwingen!
(Den Brief öffnend.)
Dich lieb ich und . . .
(Beim Licht von Ragueneaus Laterne liest sie leise, beiseite.) »Fräulein! Die Trommeln schlagen;
Mein Regiment hat Abschied schon genommen;
Man glaubt mich unterwegs; jedoch Ihr Wort
Mißachtend blieb ich in des Klosters Hort.
Ich unterrichte Sie von meinem Kommen
Durch dieses ahnungslose Gottesschaf.
Ihr Lächeln, das mich so verheißend traf –
Ich will es wiedersehn in aller Stille!
Vergeben Sie dem kühnen Liebesstreiter,
Der, auf Gewährung hoffend, ist und bleibt
Ihr bis zum Tod getreuer . . . und so weiter . . .«
(Zum Kapuziner.)
Herr Pater, hören Sie, was man mir schreibt:
(Alle nähern sich ihr; sie liest laut.)
»Fräulein! Wie grausam Ihnen auch der Wille
Des Kardinals erscheint – Ihr Sträuben kann
Hier wenig helfen; drum als dienstbereiten
Vollstrecker send ich diesen sehr gescheiten,
Ehrwürd'gen und verschwiegnen Gottesmann.
Heimlich soll er noch heut in Ihrem Haus
Christian und Sie
(das Blatt umwendend) zum Ehepaar verbinden.
Wenn Ihnen dieser Bund auch überaus
Zuwider ist – Sie müssen sich drein finden.
Der Himmel selbst wird Ihren Edelsinn
Belohnen, wenn Sie demutvoll und heiter
Sich fügen in Ihr Los. Ich aber bin
Ihr allezeit ergebner . . . und so weiter.«

Kapuziner *(strahlend).*

Ein frommer Herr! – Ich habe gleich gesehn:
Es kann sich nur um heil'ge Dinge drehn!

R o x a n e *(leise zu Christian).*
Hab ich das gut gelesen?
C h r i s t i a n.   Hm!
R o x a n e *(laut, mit gespielter Verzweiflung).*
                         O Pein! –
K a p u z i n e r *(zu Cyrano, ihn mit seiner Laterne be-
leuchtend).*
Sind Sie's?
C h r i s t i a n.   Ich!
K a p u z i n e r *(beleuchtet Christian und wird bei seinem
Anblick stutzig).*   Doch . . .
R o x a n e *(rasch).*   Nachschrift: »Der Mönch bekomme
Fürs Kloster tausend Franken.«
K a p u z i n e r.   Oh, der fromme,
Der fromme Herr! *(Zu Roxane.)* Ergeben Sie sich drein!
R o x a n e *(mit gepreßter Stimme).*
Ich muß wohl! *(Während Ragueneau dem Kapuziner die
Tür öffnet und Christian ihn zum Eintreten auffordert,
sagt sie leise zu Cyrano.)*
                 Halten Sie Graf Guiche zurück, bis wir . . .
C y r a n o. Versteh!
(Zum Kapuziner.) Wie lange wird die Trauung währen?
K a p u z i n e r. Ein Viertelstündchen.
C y r a n o *(sie nach dem Hause drängend).*
                                  Geht! Ich bleibe hier. –
(Alle, außer Cyrano, ab ins Haus.)
Wie kann ich ihm so lang den Weg erschweren?
(Er springt auf die Bank und klettert zum Balkon hinauf.)
Ich hab's! *(Die Theorben beginnen eine energische Weise.)*
                 Dur! Dur! – Ha, diesmal ist's ein Mann!
(Lautes Tremolo.)
Und was für einer!
*(Er ist auf dem Balkon angelangt, zieht seinen Hut bis
über die Augen herab, legt seinen Degen fort und wickelt
sich in seinen Mantel. Dann beugt er sich vor und späht.)*
                 Ja, so wird's gelingen.
*(Er steigt über das Geländer, zieht den langen Ast eines
der Bäume, welche die Gartenmauer überragen, zu sich
heran, und hängt sich mit beiden Händen daran fest,
bereit, sich herunterfallen zu lassen.)*
Ich will ihm mitten ins Gehege springen! –

Elfter Auftritt

   Cyrano. Graf Guiche.

G u i c h e *(tritt auf, maskiert, im Dunkeln tappend).*
Wo der verdammte Mönch nur stecken kann?

C y r a n o. Doch wenn er an der Stimme mich erkennt?!
*(Er läßt mit einer Hand los und tut, als drehe er einen
Schlüssel herum.)*
Krick, krack!
(Feierlich.) Nun hilf mir, heimischer Akzent! –

G u i c h e *(das Haus musternd).*
Ich sehe schlecht. – Mir scheint, daß sie hier wohnt.
*(Er will eintreten. Cyrano springt vom Balkon, sich an
dem Ast festhaltend, der sich herunterbiegt und ihn zwischen der Tür und Graf Guiche absetzt. Als habe er
einen schweren Fall aus großer Höhe getan, liegt er
platt, wie betäubt, auf dem Boden und regt sich nicht.
Guiche, mit einem Satz nach rückwärts.)*

G u i c h e. Wie? Was?
*(Wie er den Blick erhebt, ist der Ast schon zurückge-
schnellt. Er sieht nur den Himmel und begreift den Zu-
sammenhang nicht.)* Wo fiel der Mensch herab?

C y r a n o *(sich aufrecht setzend, mit Gascogner Akzent).*
                            Vom Mond!

G u i c h e. Vom ...?

C y r a n o *(wie im Traum).* Wieviel Uhr?

G u i c h e.   Ist er nicht recht gescheit?

C y r a n o. Welch Land ist hier? Und welche Jahreszeit?

G u i c h e. Jedoch ...

C y r a n o.   Mir schwindelt!

G u i c h e.   Herr ...

C y r a n o.   Mit lautem Krach
Fiel ich vom Mond!

G u i c h e *(ungeduldig).* Ach was!

C y r a n o *(aufstehend, mit schrecklicher Stimme).*
                       Es ist notorisch!

G u i c h e *(zurückweichend).*
Meintwegen, ja! – Der Mensch ist geistesschwach.

C y r a n o *(auf ihn losgehend).*
Ich fiel tatsächlich und nicht metaphorisch! –

G u i c h e. Jedoch ...

C y r a n o.   Wie lang ich fiel, wer wird's erkunden?
Ein ganz Jahrhundert oder zwei Sekunden?
Auf dieser safranfarb'gen Kugel stand ich ...

G u i c h e *(achselzuckend)*.
Ja. Lassen Sie mich durch!

C y r a n o *(ihm den Weg vertretend)*. Wo bin ich nur?
Verraten Sie mir doch, in welches Land ich
Gleich einem Meteor herniederfuhr!

G u i c h e. Zum Henker!

C y r a n o.   Denn im Fallen blieb mir nicht
Die Wahl des Orts, an dem ich landen werde!
Auf welchen Mond hat mich, auf welche Erde
Gezogen meines Hintern Schwergewicht?

G u i c h e. Mein Herr, ich ...

C y r a n o *(mit einem Schrei des Entsetzens, vor welchem
Guiche zurückweicht)*.   Ha! Gelobt sei Gottes Name!
Ein schwarzes Antlitz!

G u i c h e *(mit der Hand nach seinem Gesicht greifend)*.
          Was?

C y r a n o *(mit pathetischer Angst)*. Ich bin in Afrika!
Ein Wilder! –

G u i c h e.   Eine Maske nur ist dies.

C y r a n o *(scheint sich ein wenig zu beruhigen)*.
So wär' ich in Italien?

G u i c h e *(will an ihm vorüber)*. Eine Dame
Erwartet mich!

C y r a n o *(völlig beruhigt)*.
          Dann bin ich in Paris.

G u i c h e *(unwillkürlich lachend)*.
Ein drolliger Patron!

C y r a n o.   Sie lachen?

G u i c h e.   Ja.
Nun aber ... *(Er will vorbei.)*

C y r a n o *(strahlend)*.
          Nach Paris bin ich gefallen!
*(Höchst vergnügt, sich verbeugend und unter Lachen sich
abstäubend.)*
Ich bin noch ganz voll Äther – mit Verlaub!
Ich reiste durch verschiedne Wolkenballen;
In meinen Augen sitzt Planetenstaub.

Ich hab an meinen Sporen Sternensand ...
(Etwas von seinem Mantel klaubend)
Und ein Kometenhärchen am Gewand.
(Er tut, als ob er es fortblase.)
Guiche *(außer sich).*
    Herr ...!
Cyrano *(streckt in dem Augenblick, wo Guiche an ihm
    vorüber will, sein Bein vor, um ihm etwas daran zu
    zeigen).*   Sehen Sie: hier biß mich in die Wade
    Der große Bär. Dann, als auf meinem Pfade
    Den Krebs ich traf, stürzt' ich mit einem Sprünglein,
    Aus Furcht vor seinen Scheren, in die Waage:
    Nun zeigt sie mein Gewicht mit ihrem Zünglein.
    *(Ihn schnell am Vorbeikommen hindernd und einen
    Knopf seines Wamses fassend.)*
    Und, Herr, wenn ich an meine Nase schlage,
    Dann sprüht sie Milch.
Guiche.   Was? Milch?
Cyrano.   Ja, von der großen
    Milchstraße!
Guiche.   Höll' und ...
Cyrano.   Nein, der Himmel schickt mich her!
    (Die Arme kreuzend.)
    Auch auf den Sirius bin ich gestoßen
    Und merkt', er trägt des Nachts 'ne Zipfelmütze.
    (Vertraulich.)
    Noch nicht recht beißen kann der Kleine Bär.
    (Lachend.) Der Leier brach ich stürzend ein paar Saiten.
    (Stolz.) All dies werd ich in einem Buch verbreiten,
    Worin ich auch das Sternengold benütze,
    Mit dem ich eigens füllte meine Taschen:
    Sein Prunk soll meine Leser überraschen!
Guiche. Nun ist's genug! Ich will jetzt ...
Cyrano.   Ich verstehe!
Guiche. Herr!
Cyrano.   Ja, Sie wollen wissen, wie der Mond,
    Der große Kürbis, aussieht in der Nähe,
    Und ob auch er von Menschen wird bewohnt.
Guiche *(schreiend).*
    Nein, nein, ich will ...
Cyrano.   Erfahren, wann und wie

Ich selbst hinaufkam? Nun denn, ich erfand
Ein Mittel.

G u i c h e *(entmutigt).*   Welch ein Narr!

C y r a n o *(geringschätzig).*   Doch ich entlieh
Nichts von des Regiomontanus Possen,
Noch vom Archytas.

G u i c h e.   Narr – und auch Pedant.

C y r a n o. Selbständig hab ich mir den Weg erschlossen!
(Es ist Guiche endlich gelungen, an ihm vorbeizukommen.
Er geht auf die Tür zu. Cyrano folgt ihm, bereit, ihn
festzuhalten.)
Sechs Mittel hab ich, himmelwärts zu fliegen.

G u i c h e *(sich umwendend).*
Sechs?

C y r a n o *(mit Geläufigkeit).*
            Erstens könnt' ich splitterfasernackt,
Den Leib mit kleinen Flaschen rings bepackt,
Die voll vom Naß der morgendlichen Au,
So lang behaglich in der Sonne liegen,
Bis ihre Glut mich aufsaugt mit dem Tau.

G u i c h e *(überrascht, macht einen Schritt auf Cyrano zu).*
Das wär' erst eins!

C y r a n o *(zurückweichend, um ihn vom Hause fortzu-*
ziehen).   Zweitens, ich überliste
Die Luft, damit sie hinter Schloß und Riegel
Zum Flug mir dient, nachdem durch glüh'ne Spiegel
Ich sie verdünnt in einer Cederkiste.

G u i c h e *(macht noch einen Schritt).*
Zwei!

C y r a n o *(stets zurückweichend).*
         Dann, als Feuerwerker von Beruf
Laß ich durch starke Flammen von Salpeter
Auf einem Stahlgeschoß, das ich mir schuf,
Mich schleudern in den himmelblauen Äther.

G u i c h e *(folgt ihm, ohne es zu merken, und zählt an den*
Fingern).
Drei!

C y r a n o. Dann in einer Kugel samml' ich Rauch;
Er steigt empor, und ich natürlich auch.

G u i c h e *(wie oben, mehr und mehr erstaunt).*
Vier!

C y r a n o.   Phöbus saugt gern Ochsenmark; ich reibe
   Mich damit ein: das weitre wie zuvor.
G u i c h e *(starr)*.
   Fünf!
C y r a n o *(hat ihn allmählich bis auf die andere Seite des
   Platzes, in die Nähe einer Bank, hinübergezogen).*
         Endlich: Fest auf eine Eisenscheibe
   Gestellt, werf ich ein Stück Magnet empor.
   Da der Magnet verfolgt wird von dem Eisen,
   Dient er mir zur Erreichung meines Zwecks;
   Ich werf ihn schnell von neuem und kann reisen,
   So hoch und weit ich irgend wünsche.
G u i c h e.   Sechs. –
   Großartig! – Welches von den sechs Systemen
   Erwählten Sie?
C y r a n o.   Ein siebentes!
G u i c h e.   Potz Blitz!
C y r a n o. Sie raten's nicht mit allem Ihrem Witz.
G u i c h e. Ich bin fürwahr gespannt, es zu vernehmen!
C y r a n o *(mit mysteriösen Gesten, das Geräusch der
   Meeresbrandung nachahmend).*
   Huüh!
G u i c h e.   Nun denn?
C y r a n o.   Verstehn Sie?
G u i c h e.   Nein!
C y r a n o.   Die Flut! –
   Ich nahm zur Stunde, wo der Mond die Wogen
   Anzieht, ein Seebad, und als ich am Strand geruht,
   Ward ich, das Haupt voraus, emporgezogen,
   Weil ja das meiste Wasser in den Locken
   Zu haften pflegt. So schweb' ich sanft hinan
   Gleich einem Engel. Da, zum Tod erschrocken,
   Spürt' ich 'nen Ruck. Und dann . . .
G u i c h e *(hat sich in höchster Spannung auf die Bank
   gesetzt).*   Und dann?
C y r a n o.   Und dann . . .
   (Mit seiner natürlichen Stimme)
   War voll das Viertelstündchen – und die Karten
   Deck ich nun auf.
G u i c h e *(aufspringend).*
            Die Stimme? – Träum ich nur?

(Die Haustür öffnet sich. Lakaien erscheinen mit brennenden Armleuchtern. Cyrano schlägt die Krempe seines Hutes empor.)
Die Nase! – Ha, Cyrano!
C y r a n o *(grüßend).*   Aufzuwarten. –
Soeben tauschten sie den Treueschwur.
G u i c h e. Wer?
(Er wendet sich um. – Hinter den Lakaien erscheinen Roxane und Christian Hand in Hand. Der Kapuziner folgt ihnen schmunzelnd. Ragueneau, eine Fackel tragend. Die Duenna beschließt den Zug, verdutzt dreinschauend, im Nachtmantel.)
G u i c h e.   Himmel!

Zwölfter Auftritt

Vorige. Roxane. Christian. Der Kapuziner. Ragueneau. Duenna. Lakaien.

G u i c h e *(zu Roxane).* Sie! *(Christian erkennend, starr.)*
                    Und er?!
(Sich vor Roxane mit Bewunderung verneigend.)
                          Das nenn ich schlau!
(Zu Cyrano.)
Herr Feuerwerker, wahrlich, Ihr Bericht
Hätt' einen Heil'gen aufgehalten, dicht
Vorm Himmelstor. Notieren Sie's genau,
Damit es Ihrem Buche kommt zustatten.
C y r a n o *(sich verbeugend).*
Herr Graf, Ihr Beifall ist mein höchster Lohn.
K a p u z i n e r *(zu Guiche, auf die Liebenden deutend und mit Befriedigung seinen großen weißen Bart schüttelnd).*
Welch hübsches Paar vereinten Sie, mein Sohn!
G u i c h e *(ihm einen eisigen Blick zuwerfend).*
Ja.
(Zu Roxane.) Nehmen Sie nun Abschied von dem Gatten!
R o x a n e. Ich . . .?
G u i c h e *(zu Christian).*
                Ihres Regiments Fanfaren klingen.
R o x a n e. Um in den Krieg zu ziehn?

G u i c h e. So wird's wohl sein.

R o x a n e. Doch die Kadetten bleiben hier!

G u i c h e. O nein!
(Er zieht das Schriftstück hervor, das er in die Tasche gesteckt hatte.)
Hier der Befehl. *(Er übergibt es Christian.)*
Sofort zu überbringen.

R o x a n e *(Christian umklammernd)*.
Christian!

G u i c h e *(höhnisch zu Cyrano)*.
Die Hochzeitsnacht ist ferne noch!

C y r a n o *(für sich)*.
Das kränkt mich sehr viel wen'ger, als er glaubt!

C h r i s t i a n (zu Roxane).
Noch einen Kuß!

C y r a n o. Genug!

C h r i s t i a n *(unter neuen Umarmungen)*.
Sie mir geraubt! – –
Du kannst nicht ahnen, was das heißt . . .

C y r a n o *(sucht ihn fortzuziehen)*. O doch.
(Man hört von ferne Trommeln.)

G u i c h e *(ist nach hinten gegangen)*.
Schon ziehn die Truppen . . .!

R o x a n e *(zu Cyrano, während sie Christian, den er stets fortzuziehen sucht, festhält)*. Ihren Händen nun
Vertrau ich ihn. Sie werden vor Gefahren
Ihn schützen.

C y r a n o. Wenn es möglich, werd ich's tun.

R o x a n e *(wie oben)*.
Versprechen Sie, sein Leben zu bewahren!

C y r a n o. Ja, wenn ich kann . . .

R o x a n e *(wie oben)*. Und daß er niemals Frost
Im Kriege leiden muß!

C y r a n o. Ja, ja, soferne . . .

R o x a n e *(wie oben)*.
Daß er mir treu bleibt!

C y r a n o. Wenn . . .

R o x a n e *(wie oben)*. Und eine Post
Mir täglich sendet!

C y r a n o *(entschlossen)*. Dies versprech ich gerne.

Vierter Aufzug

Die Gascogner Kadetten

Der Posten, welchen die Kompanie Carbons bei der Belagerung von Arras einnimmt. Eine Böschung schließt den Hintergrund ab; jenseits derselben sieht man den ebenen Horizont und das mit Belagerungszurüstungen bedeckte Land. In weiter Ferne die Mauern von Arras, dessen Giebel sich wie Silhouetten vom Himmel abheben. – Zelte; umherliegende Waffen; Trommeln usw. – Tagesanbruch. – Schildwachen, in Zwischenräumen aufgestellt; Lagerfeuer. – Die Kadetten schlafen, in ihre Mäntel gewickelt. Carbon und Le Bret wachen. Sie sind sehr bleich und abgemagert. Christian schläft, inmitten der übrigen, gleichfalls in seinen Mantel gewickelt, im Vordergrund; sein Gesicht wird von einem Feuer beschienen. Tiefe Stille.

Erster Auftritt

Christian. Carbon. Le Bret. Die Kadetten. Später Cyrano.

Le Bret. 's ist greulich!
Carbon.   Ja. Nichts mehr!
Le Bret.   Mordius!
Carbon.   Fluch leise!
Du weckst sie mir. *(Zu den Kadetten.)* Schlaft ruhig!
(Zu Le Bret.)   Schlaf ist Speise.
Le Bret.
Wer wacht, der wird von diesem Trost nicht satter.
O diese Hungersnot!
(Man hört in der Ferne ein paar Schüsse.)
Carbon.   Verwünscht Geknatter!
Sie wecken meine Kinder! *(Zu den Kadetten, welche die Köpfe emporheben.)* Schlaft!
(Sie legen sich wieder hin. Neue Schüsse, etwas näher.)
Ein Kadett *(beunruhigt).* Es knallt
Schon wieder!

C a r b o n.   Nur Cyrano kehrt zurück. –
Schlaft!
*(Die emporgestreckten Köpfe legen sich abermals wieder
hin.)*
E i n e S c h i l d w a c h e *(hinter der Bühne).*
      Wer da?
S t i m m e C y r a n o s.   Bergerac!
D i e S c h i l d w a c h e *(welche auf der Böschung steht).*
                        Potz Wetter! Wer da? Halt!
C y r a n o *(auf dem Kamm der Böschung erscheinend).*
Bergerac, Schafskopf! *(Er steigt herab.)*
L e B r e t *(eilt ihm besorgt entgegen).*
                  Solch ein Wagestück!
C y r a n o *(ihm bedeutend, daß er niemanden wecken soll).*
Sei still!
L e B r e t.   Bist du verletzt?
C y r a n o.   Du weißt, sie pflegen
Vorbeizuschießen.
L e B r e t.   Unerhört! Seit Wochen
Begehst du täglich eines Briefes wegen
Die Tollkühnheit . . .
C y r a n o *(vor Christian stehenbleibend).*
                  Ich hab's ihr ja versprochen.
(Ihn betrachtend.)
Wie bleich er ist. Und dennoch hübsch wie je!
Wenn sie jetzt wüßte, daß er am Verhungern!
L e B r e t. Geschwind! Geh schlafen!
C y r a n o.   Brumme nicht, Le Bret.
Vernimm, daß auf dem Weg, den ich beschritt,
Stets nur betrunkne spanische Posten lungern.
L e B r e t. Und dennoch bringst du nichts zu beißen mit?
C y r a n o. Nur leichte Ladung schlüpft hindurch. Indessen,
Mir scheint, falls ich soeben richtig sah,
Daß wir noch heute sterben oder essen.
L e B r e t. Erzähle!
C y r a n o.   Warten wir, ob ich geirrt!
C a r b o n. O Schmach! Wir, die Belagerer, hungern!
L e B r e t.   Ja,
Weiß Gott, die Rollen haben sich verwirrt.
Wir schlossen Arras ein, um rings umstellt
Von spanischen Truppen selber abzumagern.

C y r a n o. Nun müßte wieder jemand *sie* belagern.
L e B r e t. Ach, scherze nicht!
C y r a n o.   Hoho!
L e B r e t.   Welch tolles Treiben,
  Daß täglich du dein Leben führst ins Feld,
  Damit ein Brief ... *(Er sieht, daß Cyrano auf ein Zelt*
  losschreitet.)   Wohin?
C y r a n o.   Den nächsten schreiben.
  (Er hebt den Zeltvorhang auf und geht hinein.)

Zweiter Auftritt

  Vorige ohne Cyrano.

  Es ist etwas heller geworden. Rötliches Licht. Die Türme
  und Giebel von Arras werden von der aufgehenden
  Sonne vergoldet. Man hört einen Kanonenschuß, auf den
  unmittelbar ein Trommelwirbel folgt, links in der Ferne.
  Andere Trommeln antworten, erst etwas näher, dann dicht
  hinter der Szene, dann wieder in größerer Entfernung,
  scheinbar das ganze Lager durcheilend. Das Geräusch der
  Reveille. Ferne Kommandorufe.

C a r b o n *(mit einem Seufzer).*
  Nahrhafter Schlaf, ade!
  (Die Kadetten regen sich in ihren Mänteln und wickeln
  sich aus.)   Ich weiß voraus
  Ihr erstes Wort.
E i n K a d e t t *(sich aufrecht setzend).*   Mich hungert!
E i n a n d e r e r.   Ich bin tot!
A l l e. O weh!
C a r b o n.   Steht auf!
D r i t t e r K a d e t t.   Ich kann nicht.
V i e r t e r K a d e t t.   Bald ist's aus.
E r s t e r K a d e t t *(ein Küraßstück als Spiegel benützend).*
  Ganz dürr ist meine Zunge. Schlimme Zeiten!
E i n a n d e r e r.
  Mein Freiherrnwappen für ein Stückchen Brot!
E i n a n d e r e r.
  Wenn man nicht bald mir etwas liefern will,

Womit ich Magensaft mir kann bereiten,
Dann schließ ich mich ins Zelt ein – wie Achill.

C a r b o n *(geht zum Zelt, in dem sich Cyrano befindet;*
halblaut).

Cyrano!

A n d e r e. Brot! Wir sterben!

C a r b o n *(stets halblaut, am Eingang des Zeltes).*

Komm herzu!

Hilf mir! Erzähl etwas den armen Schelmen!
Dein Wort ermuntert sie.

Z w e i t e r K a d e t t *(auf den ersten losstürzend, der et-*
was kaut).   Was knaupelst du?

E r s t e r K a d e t t.
Ein bißchen Werg, wie man es schmort in Helmen,
Um einzufetten die Kanonenachse.
Denn weil's an Wildbret hier vor Arras mangelt ...

E i n a n d e r e r K a d e t t *(auftretend).*
Ich war auf Jagd.

E i n a n d e r e r *(auftretend).* Ich hab im Fluß geangelt.

A l l e *(springen auf und umringen die Ankömmlinge).*
Was bringt ihr mit? – Zeigt her! – Rebhühner? – Lachse?
Laßt sehen!

D e r F i s c h e r. Einen Gründling.

D e r J ä g e r.   Einen Spatzen.

A l l e *(verzweifelt).*
Es geht nicht mehr!

C a r b o n.   Cyrano, komm herzu!
(Es ist inzwischen heller Tag geworden.)

Dritter Auftritt

Vorige. Cyrano.

C y r a n o *(tritt ruhig aus dem Zelt, eine Feder hinterm*
Ohr, ein Buch in der Hand).
Hier bin ich. Nun? –
(Pause. Zum ersten Kadetten.)
                    Was schneidest du für Fratzen?

E r s t e r K a d e t t.
Mich drückt etwas in meinem linken Schuh.

C y r a n o. Was denn?

E r s t e r   K a d e t t. Der Magen.

C y r a n o.   Ei, mich auch, mein Bester.

E r s t e r   K a d e t t. Beugt dich das nicht?

C y r a n o.   O nein, mich richtet's auf.

Z w e i t e r   K a d e t t. Mein Rachen klafft.

C y r a n o.   Dann beißt er um so fester.

E i n   d r i t t e r. Mein Bauch klingt hohl.

C y r a n o.   Wir trommeln Sturm darauf.

E i n   a n d e r e r.

Mir saust's im Ohr wie Donnern der Geschütze.

C y r a n o. Dein Magen füllt dein Ohr und ist doch leer.

E i n   a n d e r e r. Gebt Futter!

C y r a n o *(nimmt ihm die Mütze ab und gibt sie ihm in
die Hand).*   Iß das Futter deiner Mütze!

E i n   a n d e r e r. Was könnt' ich jetzt verschlingen?

C y r a n o *(wirft ihm das Buch zu, das er in der Hand
gehalten).*   Den Homer.

E i n   a n d e r e r. Der Kardinal darf prassen in Paris!

C y r a n o. Soll er dir Wildbret schicken?

D e r   K a d e t t.   Ja! Und Wein!

C y r a n o. Herr Richelieu, Burgunder, if you please!

D e r   K a d e t t. Durch einen Mönch ...

C y r a n o.   Mit einem Heil'genschein.

E i n   a n d e r e r. Gebt was zum Nagen!

C y r a n o.   Nag am Hungertuche!

E r s t e r   K a d e t t *(achselzuckend).*

Du spielst mit Worten.

C y r a n o.   Ja, mein Lieblingsspiel,

Bis ich dereinst, an meiner Tage Ziel,

Auf meinen Tod ein schönes Sprüchlein suche. –

Oh, sterben, eh' vor Alter ich verdorrt,

Dem Feind, der meiner würdig, unterlegen,

Ruhmvoll im Herzen den geschliffnen Degen

Und auf den Lippen ein geschliffnes Wort!

A l l e. Brot! Brot!

C y r a n o *(die Arme kreuzend).*

                          Ei, nur ans Essen denkt ein jeder? –

Komm, Bertrandou der Pfeifer, alter Hirt!

Heraus dein Pfeifchen aus dem Sack von Leder!

Hier sind gefräß'ge Schlemmer: sei der Wirt!

Spiel ihnen jene sanften Heimatweisen,
Drin jeder Ton ein schwesterlicher Hauch
Geliebter Stimmen, die das Herz mit leisen
Gewalten rühren, traulich, wie der Rauch,
Der von den Dächern steigt in Abendröte,
Und schollenduftig wie das Ackerland.
(Der Alte setzt sich und holt seine Flöte hervor.)
Heut soll sich deine kriegerische Flöte
Erinnern, während deine flinke Hand
Ein Menuett drauf tanzt, daß sie zuvor
Nicht Ebenholz war, sondern schlichtes Rohr;
Soll staunend lauschen, wie im eignen Liede
Zurückkehrt ihrer Seele Jugendfriede.
(Der Alte beginnt Volksweisen der Languedoc zu spielen.)
Hört ihr? Gascogner? – Dies ist nicht der grimme
Schlachtruf, der Lagerpfeife greller Schrei;
Dies ist der Wälder süße Flötenstimme,
Der Ziegenhirten liebliche Schalmei.
Hört ihr? Dies ist das Tal, der Forst, die Weide,
Das Schaukeln auf den Fluten der Dordogne,
Rotmützig Volk auf immergrüner Heide ...
Hört ihr, Gascogner? Dies ist die Gascogne!
*(Alle Häupter haben sich herabgeneigt; die Augen blicken
traumverloren. Tränen werden heimlich abgewischt, mit
einem Ärmelaufschlag oder einem Mantelzipfel.)*
C a r b o n *(leise zu Cyrano).*
Du bringst sie ja zum Weinen!
C y r a n o.   Doch ihr Leid
Ist nicht mehr Hunger: Heimweh weckt die Tränen!
Von einer niedern Qual sind sie befreit
Und ausgefüllt von einem edlen Sehnen.
C a r b o n. Wer einmal weich geworden, wird auch zag.
C y r a n o *(winkt einen Trommler herbei).*
Laß nur! Ihr Heldentum flammt schnell empor.
Dazu genügt ...
*(Er macht ein Zeichen. Der Trommler schlägt einen
Wirbel.)*
A l l e *(springen auf und eilen zu ihren Waffen).*
                    He? – Holla? – Was geht vor?
C y r a n o *(lächelnd).*
Du siehst, dazu genügt ein Trommelschlag.

Heimat und Leid und Jugendtraum verweht ...
Die Trommel scheucht, was der Schalmei entsprang.

Ein Kadett *(im Hintergrund).*
Da kommt Graf Guiche!

Alle Kadetten *(murmelnd).*   Huh!

Cyrano *(lächelnd).*   Herzlicher Empfang!

Ein Kadett. Er langweilt uns!

Ein anderer.   Auf seiner Rüstung bläht
Ein Spitzenkragen sich, wie bei den Gecken.

Ein anderer.
Leinwand auf Stahl – als ob's ein Spiel betreffe.

Der erste.
Er will vielleicht ein Halsgeschwür verstecken.

Der zweite. Noch immer Höfling!

Ein anderer.   Seines Onkels Neffe!

Carbon. Er ist Gascogner!

Der erste.   Doch ein echter schwerlich!
Die richtigen sind allesamt verrückt:
Vernünftige Gascogner sind gefährlich.

Le Bret. Bleich ist er.

Ein anderer.   Weil auch ihn der Hunger drückt.
Doch da von lauter Gold sein Panzer starrt,
Drum blitzt sein Magenkrampf im Sonnenlichte.

Cyrano *(schnell).*
Zeigt keine Spur des Leidens im Gesichte!
Spielt! Raucht!
(Alle lagern sich schnell, um Karten und Würfel zu spielen, auf Trommeln, Schemeln und auf ihren am Boden ausgebreiteten Mänteln, und setzen ihre langen Tabakspfeifen in Brand.)
               Und ich will lesen – Im Descartes.
(Er geht auf und ab und liest in einem kleinen Buche, das er aus der Tasche gezogen hat. – Pause. – Graf Guiche tritt auf. Alle scheinen beschäftigt und zufrieden. Er ist sehr blaß, geht zu Carbon.)

Vierter Auftritt

Vorige. Guiche.

G u i c h e *(zu Carbon).*
Ah, guten Morgen!
(Sie betrachten einander. Für sich, mit Genugtuung.)
                Er ist gelb.
C a r b o n *(ebenso).*   Die Knochen
Kann man ihm zählen.
G u i c h e *(zu den Kadetten).*
                  Meine Herrn, seit Wochen
Erfahr ich, daß die Jünglinge von Adel,
Krautjunkerlein und ländliche Barone
Mich, ihren Oberst, in gehäss'gem Tone
Bekritteln und mit scharf gewürztem Tadel
Mich Höfling nennen, ja noch obendrein,
Weil ich mir einen Spitzenkragen gönne,
Die Möglichkeit in Zweifel ziehn, man könne
Gascogner und trotzdem kein Bettler sein.
(Stillschweigen. Die Kadetten spielen und rauchen.)
Laß ich durch euren Hauptmann euch bestrafen?
Nein.
C a r b o n.   Wen ich strafen will, das steht mir frei.
G u i c h e. Ach?
C a r b o n.   Ich besolde sie. Drum dem Herrn Grafen
Gehorch ich nur in Kriegsbefehlen.
G u i c h e.   Ei?! –
Nun gut.
(Zu den Kadetten.) Verachten kann ich euren Hohn:
Man sah mich oft genug im Kugelregen.
Noch gestern, bei Bapaume, griff ich verwegen
Die Spanier dreimal an, bis ihre Reihen flohn,
Gehetzt von meiner wilden Meute.
C y r a n o *(ohne von seinem Buch aufzusehen).*
Und Ihre weiße Schärpe?
G u i c h e *(angenehm überrascht).*
                  Ah, Sie wissen?
Als ich mit einer Schwenkung meine Leute
Gesammelt, um von neuem Sturm zu laufen,
Ward ich von einem wirren Flüchtlingshaufen

Dicht an die Front des Feindes fortgerissen.
Ich lief Gefahr, daß man als guten Fang
Mich füsilierte; schnell gefaßt beizeiten,
Ließ ich die Schärpe drum zu Boden gleiten,
Die Zeugnis gab von meinem hohen Rang.
So konnt' ich unbemerkt die Feindeskette
Verlassen, und mit meiner ganzen Macht
Zurückgekehrt, gewann ich nun die Schlacht. –
War das nicht klug?
(Die Kadetten tun, als ob sie nicht zuhörten; aber sie
halten die Karten und Würfelbecher in der Luft; sie ver-
gessen, den Rauch der Pfeifen auszustoßen.)
C y r a n o.   Heinrich der Vierte hätte,
Wenn auch bedrängt von einem ganzen Heere,
Sich nie des weißen Federbuschs entschlagen.
(Vergnügtes Schweigen. Karten und Würfel sinken herab;
der Rauch entweicht.)
G u i c h e. List führte mich zum Sieg!
C y r a n o.   Man soll der Ehre,
Zielscheibe sein zu dürfen, nicht entsagen.
(Wachsende Aufmerksamkeit und Freude der Kadetten.)
Was mich betrifft: wär' ich dabei gewesen,
Dann hätt' ich flink zum Schmuck der eignen Brust
Die Schärpe mir vom Boden aufgelesen.
G u i c h e. Gascogner Prahlsucht!
C y r a n o.   Prahlsucht? Nun, ich bitte,
Die Schärpe mir zu leihn. Ich will mit Lust
Beim Sturm sie tragen in des Feindes Mitte.
G u i c h e. Gascogner Vorschlag! Wollen Sie vielleicht
Sie suchen, dort, wo tausend Schlünde drohn
Und rings Kartätschenhagel niederstreicht?
Von dort holt niemand sie!
C y r a n o *(zieht aus der Tasche die weiße Schärpe und*
reicht sie ihm).   Hier ist sie schon.
(Pause. Die Kadetten ersticken ihr Lachen in den Karten
und Würfelbechern. Guiche wendet sich um und sieht sie
an. Sofort finden sie ihre Würde wieder und spielen.
Einer pfeift gleichgültig die vorher gespielte Volksweise.)
G u i c h e *(die Schärpe nehmend).*
Schön' Dank! Ich werde sie sogleich verwenden
Für ein Signal ... das ich bis jetzt verschob.

(Er geht zur Böschung, klettert hinauf und winkt mehr-
mals mit der Schärpe.)
A l l e. Wie?
D i e S c h i l d w a c h e *(auf der Böschung).*
           Jener Mann, der dort ins Weite stob ...!
G u i c h e *(herabsteigend).*
  Ein falscher spanischer Spion. Wir senden
  Ihn selbst zum Feind, dem er berichten muß,
  Was wir zuvor ihm aufgetragen.
  So lenken wir den spanischen Entschluß.
C y r a n o. Ein Schuft!
G u i c h e *(sich nachlässig die Schärpe umbindend).*
             Ein nützlicher. – Was wollt' ich sagen? ...
  Ja, richtig! – – Hört! Der Marschall zog in Waffen
  Heut nacht verstohlen gegen Dourlens fort,
  Um mit Gewalt uns Proviant zu schaffen;
  Des Königs Marketender trifft er dort.
  Damit man ihm den Rückzug nicht verwehre,
  Hat er so viele Truppen sich gesellt,
  Daß, wenn der Spanier heut uns überfällt,
  Wir ihm entgegenstehn mit halbem Heere.
C a r b o n. Ja, wenn die Feinde das erführen, dann
  Wär's schlimm bestellt.
G u i c h e.   Sie haben's schon erfahren.
  Uns winkt ein Angriff ihrer ganzen Scharen.
C a r b o n. Ah!
G u i c h e.   Der Spion sprach so zu mir: »Ich kann
  Verfügen; geben Sie mir zu verstehn,
  An welchem Punkt der Angriff soll geschehn!
  Ich werde sagen, der sei schlecht bewacht.«
  »Sehr gut«, versetzt' ich ihm. »Geh vor die Wälle:
  Wo du mich winken sehen wirst, hab acht;
  Denn dies Signal bezeichnet dir die Stelle.«
C a r b o n *(zu den Kadetten).*
  Macht euch bereit!
  (Alle erheben sich. Geklirr von Degen und Gehängen,
  welche umgeschnallt werden.)
G u i c h e.   In einer Stunde.
E r s t e r K a d e t t.   Gut!
  (Alle setzen sich wieder und nehmen ihre unterbrochenen
  Spiele wieder auf.)

G u i c h e *(zu Carbon).*
   So, bis der Marschall kommt, gewinn ich Zeit.
C a r b o n. Deshalb!?
G u i c h e.   Deshalb ist's Ihre Schuldigkeit,
   Daß Sie sich töten lassen.
C y r a n o.   Also Rache?
G u i c h e. Fühlt' ich für Sie besondre Liebesglut,
   Dann hätt' ich andre wohl zu dieser Sache
   Gewählt; doch da man Ihren Mut bewundert,
   Konnt' ich damit zugleich dem König dienen.
C y r a n o. Herr Graf, von ganzem Herzen dank ich Ihnen.
G u i c h e. Sie schlagen gern sich, einer gegen hundert:
   Heut können Sie dem edlen Trieb genügen.
   (Er geht mit Carbon nach hinten.)
C y r a n o *(zu den Kadetten).*
   Unser Gascogner Wappen hatte nur
   Bisher sechs Felder, golden und azur;
   Nun gilt's, ein blutigrotes einzufügen!
   *(Guiche spricht im Hintergrund leise mit Carbon. Befehle
   werden erteilt, Verteidigungszurüstungen getroffen. Cy-
   rano geht zu Christian, welcher mit gekreuzten Armen
   unbeweglich dasteht.)*
C y r a n o *(ihm die Hand auf die Schulter legend).*
   Christian?
C h r i s t i a n *(den Kopf schüttelnd).*
        Roxane!
C y r a n o.   Ja!
C h r i s t i a n.   Wie gern noch riefe
   Ich Lebewohl ihr zu in einem schönen Briefe!
C y r a n o. Ich sah voraus, was heute kommt ... *(ein Billett
   aus seinem Wams ziehend)*   und schrieb
   Dein Lebewohl.
C h r i s t i a n. Zeig her!
C y r a n o.   Du willst? –
C h r i s t i a n *(ihm den Brief abnehmend).* So gib!
   (Er öffnet ihn, liest und stutzt.)
   Ei!
C y r a n o. Was?
C h r i s t i a n.   Der Fleck ...?
C y r a n o *(nimmt ihm schnell den Brief wieder ab und
   betrachtet ihn scheinbar unbefangen).* Ein Fleck?

Christian.   's ist eine Träne.
Cyrano.

> Ja ... mich ergriff mein eignes Werk. Mir scheint,
> Weil ich als Dichter mich beteiligt wähne,
> Drum ward mein Auge feucht.

Christian.   Du hast geweint?
Cyrano.

> Ja ... daß wir sterben, stört uns nicht die Ruh' ...
> Doch sie nicht wiedersehn ... o Schreckenswort!
> Denn niemals werd ich ... *(Christian sieht ihn an)*
>   werden wir ... *(rasch)*
>   wirst du ...

Christian *(ihm den Brief entreißend)*.

> Gib mir den Brief!
> *(Man hört entfernten Lärm.)*

Stimme einer Schildwache. Halt! Wer da?
> *(Schüsse. Lärm. Schellengeläut.)*

Carbon.   Wer ist dort?
Die Schildwache *(auf der Böschung)*.

> Ein Wagen!
> *(Alle eilen neugierig hinauf.)*

Stimmen. Hier im Lager? – Er biegt ein! –
> Er kommt gewiß vom Feind! – Gebt Feuer! – Nein!
> Der Kutscher schrie! – Was schrie er denn? – Er schrie:
> Im Dienst des Königs!
> *(Alle stehen auf der Böschung und blicken hinaus. Das
> Schellengeläut nähert sich.)*

Guiche.   Dienst des Königs! Wie? –
> *(Die Kadetten steigen herab, stellen sich in Reih und
> Glied.)*

Carbon. Entblößt das Haupt!
Guiche *(ruft in die Kulisse)*.

>   Macht Platz, damit im Fahren
> Die Schwenkung würdevoll gelingen mag!
> *(Der Wagen fährt im Trab herein. Er ist mit Schmutz
> und Staub bedeckt. Die Vorhänge seiner Fenster sind
> geschlossen. Zwei Lakaien stehen hinten. Er hält an.)*

Carbon *(kommandiert)*.

> Laßt trommeln!
> *(Trommelwirbel. Alle Kadetten stehen barhäuptig.)*

Guiche.   Senkt das Trittbrett!

(Zwei Leute gehorchen eiligst. Der Wagenschlag öffnet sich.)

R o x a n e *(aus dem Wagen springend).* Guten Tag!
(Der Klang einer Frauenstimme richtet wie mit einem Zauberschlag all diese niedergedrückten Gestalten auf. – Höchste Verblüffung.)

Fünfter Auftritt

Vorige. Roxane.

G u i c h e. Im Dienst des Königs – Sie?
R o x a n e.   Des einzig wahren:
   Des Königs Amor!
C h r i s t i a n *(auf sie zueilend).* Du?!
R o x a n e.   Das Kriegstreiben
   Hat mir zu lang gedauert.
C y r a n o *(ist beim Klang ihrer Stimme wie festgenagelt stehen geblieben und wagt nicht, sie anzusehen).*
                           Gott, ich wanke! –
C h r i s t i a n. Du kamst ...!
R o x a n e.   Nachher!
G u i c h e.   Hier können Sie nicht bleiben.
R o x a n e *(heiter).*
   Doch! Doch! – Ich bitt um eine Trommel.
   (Man bringt ihr eine Trommel in den Vordergrund; sie setzt sich darauf.)   Danke!
   (Stolz.)
   Eine Patrouille schoß auf meinen Wagen! –
   Sieht er nicht aus wie das Gespann im Märchen:
   Ein Kürbis, hintenauf ein Rattenpärchen?
   (Sie wirft Christian eine Kußhand zu; dann, sich umschauend.)
   Ihr schaut nicht fröhlich drein. – Ich muß euch sagen:
   Arras ist furchtbar weit.
   (Sie bemerkt Cyrano.) Vetter, grüß Gott!
C y r a n o *(vortretend).*
   Erklären Sie ...
R o x a n e.   Bedarf es der Erklärung,
   Daß ich das Lager fand? Ich fuhr im Trott,

Wohin den Weg mir zeigte die Verheerung.
Ach, fürchterlich! Kaum traut' ich meinen Augen!
Ja, meines Königs Dienst scheint mehr zu taugen
Als der des euren.
C y r a n o.   Unerhörte Dinge!
Von wo sind Sie hindurchgeschlüpft?
R o x a n e.   Von wo?
Nun, bei den Spaniern.
E r s t e r K a d e t t.   Weiberlist!
G u i c h e.   Wieso
Durchbrachen Sie des Feindes dichte Ringe?
L e B r e t. Das war gewiß nicht leicht!
R o x a n e.   Es war nicht schwer.
Ich fuhr ganz einfach mitten durch ihr Heer.
Kam ein Hidalgo, dann aus meinem Wagen
Hab ich mein schönstes Lächeln ihm gesandt.
Ja, meine Herrn, ich kann mich nicht beklagen:
Die Spanier waren überaus galant.
C a r b o n. Fürwahr, dies Lächeln ist ein Reisepaß!
Doch, fragte man Sie nicht an jedem Platze,
Wohin der Weg Sie führt?
R o x a n e.   Ohn' Unterlaß.
Und ich erwiderte: »Zu meinem Schatze.« –
Der grimmste Spanier schloß dann ungebeten
Die Wagentür mit einer Handbewegung,
Die selbst ein König säh' mit Neidesregung,
Entfernte die schon zielenden Musketen,
Verneigte sich in stolz graziöser Weise,
Stand stramm wie seine Spitzenkrause, zog
Den Schlapphut, daß im Wind die Feder flog,
Und sagte: »Señorita, gute Reise!«
C h r i s t i a n. Jedoch . . .
R o x a n e.   Vergib! Ich sprach: »Mein Schatz« – aus List.
Hätt' ich gesagt: »Mein Mann«, sie hätten nie
Mich durchgelassen.
C h r i s t i a n.   Aber jetzt . . .
R o x a n e.   Was ist?
G u i c h e. Sie müssen fort!
R o x a n e.   Ich?
C y r a n o.   Schleunigst!
L e B r e t.   Eilen Sie!

Christian. Ja!
Roxane.   Doch weshalb?
Christian *(verlegen)*.   Weil...
Cyrano *(ebenso)*.   Bald...
Guiche *(ebenso)*.   Es wäre gut...
Carbon *(ebenso)*. Wenn...
Le Bret *(ebenso)*.   Daß...
Roxane.   Es steht ein Kampf bevor. Ich bleibe.
Alle. Nein!
Roxane *(sich in Christians Arme stürzend)*.
          Sei im Tod vereint mit deinem Weibe!
Christian. Dein Auge flammt.
Roxane.   Ahnst du, von welcher Glut?
Guiche *(verzweifelt)*.
     Dies ist der schlimmste Platz!
Roxane *(sich umwendend)*.   Der schlimmste?
Cyrano.   Hätten *wir*
     Ihn sonst erhalten?
Roxane *(zu Guiche)*.   Ah, damit man mir
     Den Gatten raubt! –
Guiche *(protestierend)*.   Mein Wort...!
Roxane.   Ich halte stand!
     Ich muß! – Und außerdem ist's amüsant.
Cyrano. Will die Preziöse Heldin sein?
Roxane.   Das Blut
     Der Bergerac – mir eignet es nicht minder!
Ein Kadett. Wir alle schützen Sie!
Roxane *(mehr und mehr in Fieber versetzt)*.
                    Das glaub ich, Kinder!
Ein anderer *(berauscht)*.
     Das ganze Lager riecht nach Iris!
Roxane.   Dieser Hut
     Wird, denk ich, in der Schlacht mich trefflich kleiden.
     (Sie sieht nach Guiche hin.)
     Doch der Herr Graf muß jetzt vielleicht uns meiden?
     Die Pflicht...
Guiche *(verärgert)*. Oh, sehr verbunden! Ich durchstreife
     Das Lager und bin bald zurück. Ich mahne
     Sie nochmals zur Vernunft!
Roxane.   Nein, nein!
     (Guiche geht ab.)

Sechster Auftritt

Vorige ohne Guiche.

C h r i s t i a n *(flehentlich).*   Roxane?
E r s t e r   K a d e t t *(zu den andern).*
    Sie bleibt!
A l l e *(rennen durcheinander, machen sich zurecht).*
                    Wo ist ein Kamm? – Mein Wams ist leck!
    Gebt Zwirn und Nadel! – Einen Spiegel! – Seife! –
    Dein Schnurrbarteisen! – Ein Rasierbesteck!
R o x a n e *(zu Cyrano, der sie abermals bittet).*
    Ich weiche nicht!
C a r b o n *(nachdem er wie die andern sich gegürtet, seine
    Kleider und seinen Hut abgebürstet, dessen Feder zu-
    rechtgestrichen und seine Manschetten hervorgezogen hat,
    sich Roxane nähernd, zeremoniell).*
                    Da Sie darauf bestehn,
    So möcht' ich Ihnen ein paar Edelleute
    Vorstellen, welche hochgeehrt sind, heute
    Vor Ihren Augen in den Tod zu gehn.
    *(Roxane neigt zustimmend das Haupt und wartet ste-
    hend, am Arm Christians. Carbon stellt vor.)*
    Baron von Crabioules auf Colignac!
D e r   K a d e t t *(mit Verbeugung).*
    Madame . . .
C a r b o n *(fortfahrend).*
                    Baron Lésbas d'Escarabiot
    Von Malgouyre. – Chevalier von Casterac. –
    Von Antignac-Juzet. – Baron Hillot
    Von Blagnac-Saléchan und Peyrescous . . .
R o x a n e. So viele Namen haben Sie?
B a r o n   H i l l o t.   Noch mehr!
C a r b o n *(zu Roxane).*
    Nun lassen Sie dies Schnupftuch frei!
R o x a n e *(läßt das Schnupftuch fallen).*   Wozu?
    *(Die ganze Kompanie schickt sich an, darauf loszustür-
    zen, um es aufzuheben.)*
C a r b o n *(es schnell aufhebend).*
    Wir hatten keine Fahne! Wir besitzen
    Die schönste nun im ganzen Heer!

R o x a n e *(lächelnd).*
  Sie ist ein wenig klein.
C a r b o n *(bindet das Schnupftuch an seine Hauptmanns-*
  lanze).   Jedoch aus Spitzen.
E i n K a d e t t *(zu den andern).*
  Dies holde Lärvchen ist das Sterben wert,
  Und wär' ich nicht vor Hunger wie besessen ...
C a r b o n *(der dies gehört hat, entrüstet).*
  Wer spricht vor einer solchen Frau vom Essen?
R o x a n e. Ich finde selbst: die Luft des Lagers zehrt.
  Drum bitt ich, mir das Frühstück aufzutragen:
  Pasteten, Fleisch und Wein.
  (Bestürzung.)
E i n K a d e t t.   Das Frühstück!
E i n a n d e r e r.   Ach,
  Wo nehmen wir das her?
R o x a n e *(ruhig).*   Aus meinem Wagen.
A l l e. Was?!
R o x a n e.   Uns bedienen soll ein Mann vom Fach.
  Betrachtet meinen Kutscher in der Näh':
  Er ragt hervor im Kochen und im Schwärmen
  Und ist bereit, die Soßen aufzuwärmen!
D i e K a d e t t e n *(zum Wagen rennend).*
  's ist Ragueneau.
  (Sie umringen ihn mit Beifallsjubel.)
R o x a n e *(folgt ihnen mit den Augen).*   Die Ärmsten!
C y r a n o *(ihr die Hand küssend).*   Güt'ge Fee!
R a g u e n e a u *(auf dem Bock stehend wie ein Markt-*
  schreier). Ihr Herrn!
  (Enthusiasmus.)
D i e K a d e t t e n. Hoch! Hoch!
R a g u e n e a u.   Laßt uns den Spanier preisen!
  Er ließ die Schönheit reisen – samt den Speisen.
  (Beifall.)
C y r a n o *(leise, zu Christian).*
  Hm, Christian!
R a g u e n e a u.   Von Roxanens Reizen warm,
  Nahm er nicht wahr ...
  (Er zieht unter seinem Sitz eine Schüssel hervor und hebt
  sie hoch.)   die kalte Platte!
  (Beifall. Die Schüssel geht von Hand zu Hand.)

C y r a n o *(leise zu Christian).*   He!
Ein Wort!

R a g u e n e a u.   Venus beschäftigte den Schwarm,
Damit Diana retten konnt' . . .
(er schwingt eine Rehkeule) ihr Reh!
(Enthusiasmus. Die Keule wird von zwanzig ausgestreckten Händen ergriffen.)

C y r a n o *(leise zu Christian).*
Ich muß dich sprechen!

R o x a n e *(zu den Kadetten, welche zurückkommen, beladen mit Lebensmitteln).*   Stellt dies auf die Erde!
(Sie breitet das Tischzeug auf dem Boden aus, unterstützt von den zwei unerschütterlich würdigen Lakaien, welche auf dem Wagen gestanden.)

R o x a n e *(zu Christian, in dem Augenblick, wo Cyrano ihn beiseite ziehen will).*
Komm! Hilf mir!
(Christian gehorcht. Cyrano macht eine Bewegung der Besorgnis.)

R a g u e n e a u.   Pfau mit Trüffeln!

E r s t e r   K a d e t t *(kommt fröhlich nach vorn, sich ein großes Stück Schinken abschneidend).*   Höllenschlund! –
So krieg ich doch, eh' ich des Teufels werde,
Noch was ins Maul . . . *(Sich beim Anblick Roxanens schnell verbessernd.)*   Verzeihung! in den Mund!

R a g u e n e a u *(wirft ihnen die Wagenkissen zu).*
Die Kissen sind voll Wachteln. *(Tumult. Die Kissen werden aufgeschlitzt. Freudiges Lachen.)*

D r i t t e r   K a d e t t.   Alle Wetter!

R a g u e n e a u *(wirft ihnen Flaschen voll Rotwein zu).*
Rubinflut! *(Ebenso Flaschen voll Weißwein.)*
            Und Topasflut – für den Durst!

R o x a n e *(wirft Cyrano ein gefaltetes Tischtuch an den Kopf).*
Hop! Rollen Sie dies Tischtuch auf, Herr Vetter!

R a g u e n e a u *(schwingt eine Wagenlaterne, die er abgerissen hat).*
Jede Laterne ist ein Speiseschrank!

C y r a n o *(leise zu Christian, während sie gemeinsam das Tischtuch auseinanderfalten).*
Eh' du sie sprichst, muß ich mit dir noch sprechen!

R a g u e n e a u *(immer lyrischer).*
  Mein Peitschenstiel ist eine Leberwurst!
R o x a n e *(schenkt Wein ein und serviert).*
  Mordius, wer sterben soll, braucht Speis' und Trank!
  Greift zu, Gascogner! Ihr allein sollt zechen!
  Und kommt Graf Guiche, dann lädt ihn niemand ein!
  (Von einem zum andern gehend.)
  Eßt nicht so hastig! – Nehmt euch ruhig Zeit! –
  Trinkt aus! – Ihr weint? Warum?
E r s t e r K a d e t t.   Vor Seligkeit. –
R o x a n e.
  Still! – Etwas Fleisch? – Weiß' oder roten Wein? –
  Ein Brot für Herrn Carbon! – Wer Teller braucht,
  Der sag's. – Geflügel? –
C y r a n o *(ihr folgend, mit Schüsseln beladen und ihr
  helfend; für sich).*   Himmelsangesicht!
R o x a n e *(geht zu Christian).*
  Du?
C h r i s t i a n. Nichts.
R o x a n e.   Dies Biskuit, in Muskat getaucht!
C h r i s t i a n *(versucht, sie zurückzuhalten).*
  O sage mir, warum du kamst?
R o x a n e.   Jetzt nicht.
  Wenn jene satt ...
L e B r e t *(der nach hinten gegangen war, um auf einer
  Lanzenspitze der Schildwache auf der Böschung ein Brot
  zu reichen).*   Graf Guiche!
C y r a n o.   Verbergt ihm klüglich,
  So schnell ihr könnt, die Flaschen, Schüsseln, Teller,
  Als wäre nichts geschehn!
  (Zu Ragueneau.)   Und du, noch schneller
  Spring auf den Bock zurück!
  *(In einem Augenblick ist alles in den Zelten, den Klei-
  dern, Mänteln und Hüten versteckt. – Guiche tritt schnell
  ein. Plötzlich stutzt er und schnuppert. – Pause.)*

Siebenter Auftritt

Vorige. Guiche.

G u i c h e.   Hier riecht's vorzüglich.
E i n K a d e t t *(vergnügt trällernd).*
   Tralla!
G u i c h e *(bleibt stehen und sieht ihn an).*
            Was haben Sie? – Sie sind ganz rot!
D e r K a d e t t.
   Ich? – Nichts. Die Kriegslust bringt mein Blut zum Sieden.
E i n a n d e r e r. Bum – bum –
G u i c h e *(sich umwendend).*   Was ist denn das?
D e r K a d e t t *(leicht angeheitert).*   O nichts! Ich singe.
G u i c h e.
   Mein junger Freund, Sie scheinen sehr zufrieden!
K a d e t t. Aus Kampfbegier!
G u i c h e *(ruft Carbon, um ihm einen Befehl zu erteilen).*
                              Herr Hauptmann! ...
   (Er stutzt und sieht ihn an.)   Mord und Tod!
   Sie sind ja gleichfalls äußerst guter Dinge!
C a r b o n *(dunkelrot im Gesicht, verbirgt eine Flasche
   hinter seinem Rücken).*
   Ich ...
G u i c h e *(zeigt in die Kulisse).*
            Die Kanone pflanz' ich auf den Kamm,
   Um Ihrer Leute Wehrkraft zu verstärken.
E i n K a d e t t *(sich hin und her wiegend).*
   Oh, wie besorgt!
E i n a n d e r e r *(ihm liebenswürdig zulächelnd).*
                    Wie rührend aufmerksam!
G u i c h e. Ein Narrenhaus! – *(Trocken fortfahrend.)*
                              Doch sollen sie sich merken,
   Daß sie beim Schuß zurückprallt.
E r s t e r K a d e t t.   Puff!
G u i c h e *(geht wütend auf ihn zu).*   Wer pufft?
E r s t e r K a d e t t.
   Kein Rückprall droht, wenn die Gascogner schossen!
G u i c h e *(packt ihn beim Arm und schüttelt ihn).*
   Sind Sie berauscht? – Wovon?
E r s t e r K a d e t t *(stolz).*   Vom Pulverduft!

G u i c h e *(läßt ihn achselzuckend los und geht schnell zu*
  Roxane). Madame, Sie sind nun hoffentlich entschlossen?
R o x a n e. Ich bleibe!
G u i c h e.   Fliehn Sie!
R o x a n e.   Nimmermehr!
G u i c h e.   Nun gut.
  Gebt ein Gewehr mir.
C a r b o n.   Wie?
G u i c h e.   Dann bleib auch ich.
C y r a n o. Endlich ein Zug von echtem Heldenmut!
E r s t e r K a d e t t.
  Sind Sie Gascogner trotz dem Spitzenkragen?
G u i c h e. Ich lasse kein gefährdet Weib im Stich.
Z w e i t e r K a d e t t *(zum ersten)*.
  Was meinst du? Geben wir ihm was zu nagen?
  (Alle Lebensmittel werden plötzlich wieder sichtbar.)
G u i c h e *(dessen Augen zu leuchten beginnen)*.
  Wie?! Mundvorrat?
E i n d r i t t e r K a d e t t.   Jawohl, hier ward gezecht!
G u i c h e *(sich bezwingend, mit Würde)*.
  Glaubt ihr, ich nähre mich von euren Resten?
C y r a n o *(mit einer Verbeugung)*.
  Hochachtung!
G u i c h e.   Nüchtern schlägt man sich am besten!
E r s t e r K a d e t t *(mit einem Freudenausbruch)*.
  's ist unser Landsmann!
G u i c h e *(lachend)*.   Freilich.
E r s t e r K a d e t t.   Er ist echt!
  (Alle Kadetten beginnen zu tanzen.)
C a r b o n *(ist kurz vorher hinter die Böschung gegangen*
  und erscheint nun auf ihrem Kamm).
  Die Truppen stehn in Front.
  (Er zeigt auf eine Reihe von Lanzenspitzen, welche hin-
  ter der Böschung hervorragen.)
G u i c h e *(zu Roxane, mit Verbeugung)*. Sie zu beschaun,
  Dürft' ich an meinem Arme Sie geleiten?
  (Sie nimmt seinen Arm. Sie steigen die Böschung hinan.
  Alle Kadetten nehmen die Hüte ab und folgen.)
C h r i s t i a n *(zu Cyrano gehend, rasch)*.
  Sprich!
  (Im Augenblick, wo Roxane auf dem Kamm erscheint,

werden die Lanzen zur Begrüßung gesenkt, so daß sie
verschwinden. Ein Ruf erhebt sich; sie dankt mit einer
Verneigung.)

Die Truppen *(draußen).*   Hoch!
Christian.   Was hattest du mir zu vertrau'n?
Cyrano. Falls dir Roxane ...
Christian.   Nun?
Cyrano.   Von deinen Briefen spricht ...
Christian. Jawohl, ich weiß! ...
Cyrano.   Begeh die Dummheit nicht,
Erstaunt zu sein ...
Christian.   Wie?
Cyrano.   Laß dich vorbereiten! –
Es fuhr mir durch den Sinn, als sie heut kam,
Daß du ...
Christian.   So sprich doch!
Cyrano.   ... ihr weit öfter schreibst,
Als du vermutest.
Christian.   Wie?
Cyrano.   Ich übernahm,
Dolmetsch zu sein, wie glühend du sie liebst,
Und nicht von jedem Brief gab ich dir Kunde.
Christian. Aha.
Cyrano.   Sehr einfach – nicht?
Christian.   Doch seit dem Tag,
Da man uns einschloß ...?
Cyrano.   In der Dämmerstunde
Schlüpft' ich hindurch ...
Christian *(die Arme kreuzend).*
                         Sehr einfach, in der Tat!
Wie oftmals schrieb ich in der Woche? – Sag!
Zwei-, dreimal?
Cyrano.   Öfter.
Christian.   Täglich?
Cyrano.   Zweimal täglich.
Christian *(heftig).*
Und das beglückte dich so ganz unsäglich,
Daß du dem Tode trotztest ...
Cyrano *(sieht, daß Roxane zurückkommt).*
                         Schweig! Sie naht!
(Er geht schnell in sein Zelt.)

Achter Auftritt

Roxane. Christian. Die Kadetten, im Hintergrund ab-
und zugehend. Carbon und Guiche erteilen Befehle.

R o x a n e *(eilt zu Christian).*
　Und jetzt gehör ich dir! –
C h r i s t i a n *(ihre Hände fassend).* Und jetzt erkläre:
　Warum durch tausend Schrecken, durch die Tiefe
　Der Nacht, durch Kriegesnot und Feindesheere
　Du mich hier suchtest?
R o x a n e. 　　　　　　Wegen deiner Briefe.
C h r i s t i a n. Wirklich?
R o x a n e. 　　　　　　Ja, sie berauschten mich und trieben
　Mich in Gefahr. Bedenke nur, wieviel
　Du mir seit einem Monat hast geschrieben,
　Und immer schönre!
C h r i s t i a n. 　　　Nur ihr schöner Stil
　Bestimmte dich ...
R o x a n e. 　　　　　O schweig! Was kannst du wissen?
　Wohl liebt’ ich dich an jenem Abend schon,
　Da deine Reden unter dem Balkon
　Mit nie geahnter Macht mich hingerissen.
　Nun klang aus jedem Brief, den du gesendet,
　Die Stimme wieder, die mit Lust und Weh
　Damals mein Herz bezaubert und gewendet!
　So wurd’ ich toll! Hätt’ an Penelope
　Ulysses so geschrieben, traun, sie wäre,
　Wie Helena von Leidenschaft bezwungen,
　Verlassend ihren Webstuhl, Zwirn und Schere
　Geradeswegs nach Troja durchgedrungen! –
C h r i s t i a n. Jedoch ...
R o x a n e. 　　　　　Ich las, las wieder, ward nicht satt.
　In meinem Schoße häuftest du zusammen
　Die Blüten deiner Seele, Blatt auf Blatt.
　Man fühlt aus jedem kleinsten Wort die Flammen
　Der tiefen, reinen Liebe ...
C h r i s t i a n. 　　　　Tief und rein?
　Das fühlt man? –
R o x a n e. 　　　Ja, man fühlt’s – wie Sonnenschein!
C h r i s t i a n. Drum kamst du? –

Roxane.   Christian, o mein Held, ich kam –
Wenn du mir nicht erlaubst, vor dir zu knien,
So wisse: meine Seele kniet in Scham
Und steht nicht wieder auf, bis du verziehn –
Ich kam, zu flehn: Verzeih – und nicht verschieben
Soll man Verzeihung bei des Todes Nahn –
Verzeih, daß einst ich dir den Schimpf getan,
Nur wegen deiner Schönheit dich zu lieben!
Christian *(angstvoll).*
Roxane!
Roxane.   Dann, als ich gerechter dich geschätzt,
Dem Vogel gleich, der hüpft, bevor er fliegt,
Blieb ich von deiner Schönheit zwar besiegt;
Doch deine Seele siegte mit.
Christian.   Und jetzt?
Roxane.
Jetzt, weil der stärkre Reiz den schwächeren vertrieb,
Jetzt hab ich nur noch deine Seele lieb.
Christian *(zurückweichend).*
Roxane!
Roxane.   Freue dich! – Geliebt zu sein
Um eines Gutes willen, das vergänglich,
Erfüllt ein edles Herz mit bittrer Pein.
Kaum noch erblick ich deine Wohlgestalt:
Durch deines Geistes liebliche Gewalt
Ward ich für deine Schönheit unempfänglich.
Christian. Oh!
Roxane.   Kannst du deinen Sieg noch nicht ermessen?
Christian *(schmerzvoll).*
Roxane!
Roxane.   Glaub an ihn und sei beglückt!
Christian.
Oh, nichts von solcher Liebe! Laß mich denken,
Daß ich geliebt bin wegen ...
Roxane.   Wegen dessen,
Wodurch du sonst die Frauen schnell berückt?
Ich will dir eine beßre Liebe schenken!
Christian.
Nein, die von einst war besser.
Roxane.   Glaub mir doch!
Erst jetzt hat meine Liebe Kraft und Fülle.

Nur deinem Selbst, nicht deiner äußern Hülle
Bin ich ergeben.
C h r i s t i a n.   Still!
R o x a n e.   Ich würde noch
Dich lieben, wenn die Schönheit dir entschwunden.
C h r i s t i a n. Ich bitte, sag das nicht!
R o x a n e.   Ich sag es.
C h r i s t i a n.   Oh! –
R o x a n e. Ich schwör es!
C h r i s t i a n.   Himmel!
R o x a n e.   Macht es dich nicht froh?
C h r i s t i a n *(mit erstickter Stimme)*.
Ja, ja.
R o x a n e. Was hast du?
C h r i s t i a n *(sie sanft abwehrend)*.
                        Nichts. Nur zwei Sekunden . . .
R o x a n e. Doch . . .
C h r i s t i a n *(zeigt auf eine Gruppe von Kadetten im
Hintergrund)*.   Jenen armen Burschen dort entwich
Dein Lächeln; geh und mach sie wieder reich!
R o x a n e *(gerührt)*.
Liebster!
*(Sie geht nach hinten, zu den Kadetten, welche sie ehr-
erbietig und diensteifrig umringen.)*

Neunter Auftritt

*Christian. Cyrano. Roxane im Hintergrund, im Gespräch
mit Carbon und einigen Kadetten.*

C h r i s t i a n *(nach dem Zelte Cyranos hin rufend)*.
        Cyrano!
C y r a n o *(erscheint wieder, gewappnet für die Schlacht)*.
                    Nun? – Warum zu bleich?
C h r i s t i a n. Sie hat mich nicht mehr lieb!
C y r a n o.   Wie?
C h r i s t i a n.   Sie liebt dich!
C y r a n o. Nein!
C h r i s t i a n.   Denn in mir liebt sie nur deine Seele.
C y r a n o. Nein!

C h r i s t i a n.   Ja! sie liebt dich – und du sie.

C y r a n o.   Ich?

C h r i s t i a n.   Hehle

Mir's nicht.

C y r a n o.   's ist wahr.

C h r i s t i a n.   Du liebst sie.

C y r a n o.   Unermeßlich!

C h r i s t i a n. Dann sag's ihr!

C y r a n o.   Nein!

C h r i s t i a n.   Warum?

C y r a n o.   Schau mein Gesicht!

C h r i s t i a n.

Sie würde mich noch lieben, wenn ich häßlich.

C y r a n o. Das sagt sie?

C h r i s t i a n.   Ja.

C y r a n o.   Fürwahr, das tut mir wohl!

Doch nein, es ist ja Wahnsinn; glaub es nicht!

Daß sie's gesagt, freut mich als ein Symbol;

Doch laß dir raten: nimm sie nicht beim Wort!

Nur wenn du hübsch bleibst, liebt sie meine Seele.

C h r i s t i a n. Das soll sich nun entscheiden.

C y r a n o.   Nein!

C h r i s t i a n.   Sie wähle!

Bekenn ihr alles!

C y r a n o.   Nichts bekenn ich ihr!

C h r i s t i a n.

Nur weil ich hübsch, nahm ich dein Glück dir fort.

Ist das gerecht?

C y r a n o.   Und ich soll deins begraben,

Nur weil der Zufall mir verliehn die Gaben,

Das auszudrücken ... was du fühlst gleich mir?

C h r i s t i a n. Sag's ihr!

C y r a n o.   Hinweg, Versucher!

C h r i s t i a n.   Oder soll

Ich in mir selbst den Nebenbuhler tragen?

C y r a n o. Christian!

C h r i s t i a n.   Nein, unsern Pakt werd ich zerschlagen,

Wenn wir heut überleben!

C y r a n o.   Du bist toll!

C h r i s t i a n. Werd ich um meinetwillen nicht geliebt,

Dann besser gar nicht! – Von dem Rand des Walles

Will nach dem Feind ich ausspähn. Sag ihr alles,
Und dann entscheide sie, wem sie den Vorzug gibt.
C y r a n o. Dir!
C h r i s t i a n.   Hoffentlich. *(Er ruft.)* Roxane!
C y r a n o.   Nein!
R o x a n e *(schnell nach vorn kommend.)*   Sofort!
C h r i s t i a n. Cyrano wird was Ernstes dir berichten.
   (Sie geht schnell zu Cyrano. Christian ab.)

Zehnter Auftritt

   Roxane. Cyrano. Dann Le Bret, Carbon, die Kadetten,
   Ragueneau, Guiche usw.

C y r a n o *(bestürzt).* Er geht!
R o x a n e.   Was Ernstes? –
C y r a n o.   Oh, mitnichten!
Oft schien ihm ernst, was mir sehr harmlos schien.
R o x a n e *(schnell).*
Ich weiß, er zweifelt noch an meinem Wort!
C y r a n o *(ihre Hand ergreifend).*
Sie sprechen wahr?
R o x a n e.   Ja, lieben würd' ich ihn,
Selbst wenn . . . *(Sie stockt.)*
C y r a n o *(traurig lächelnd).*
                        Sie fürchten, daß mich's kränken kann,
Dies Wort?
R o x a n e. O nein . . .
C y r a n o.   Ich hör es unverdrossen! –
Selbst wenn er häßlich?
R o x a n e.   Ja!
   (Man hört eine Gewehrsalve.)
                        Man hat geschossen.
C y r a n o *(glühend).*
Abschreckend wüst?
R o x a n e.   Auch dann!
C y r a n o.   Entstellt?
R o x a n e.   Auch dann!
C y r a n o. Grotesk?
R o x a n e.   Für mich wird er das nimmer sein!

C y r a n o. Sie liebten ihn auch dann?

R o x a n e.   Mehr als zuvor!

C y r a n o *(den Kopf verlierend, für sich)*.
Vielleicht ... vielleicht schwebt nun das Glück empor!
(Zu Roxane.)
Roxane ... ich ...

L e B r e t *(kommt eiligst, ruft mit gedämpfter Stimme)*.
                            Cyrano!

C y r a n o *(sich umwendend)*. Was?

L e B r e t.   Still!
(Er flüstert ihm etwas zu.)

C y r a n o *(die Hand Roxanens loslassend, mit einem Aufschrei)*.   Nein!

R o x a n e. Was gibt's?

C y r a n o *(in starrem Entsetzen, für sich)*.
                            Vorbei!
(Neue Schüsse.)

R o x a n e.   Was geht denn vor? Das Schießen? ...
(Sie geht nach hinten, um hinauszusehen.)

C y r a n o. Auf ewig muß ich's nun in mir verschließen!

R o x a n e *(will fortstürzen)*.
Was geht hier vor?

C y r a n o *(sie schnell aufhaltend)*. Nichts!
*(Kadetten kommen, eine Last tragend, welche sie ver-
bergen, und bilden darum einen Kreis, durch den Roxane
verhindert wird, sich zu nähern.)*

R o x a n e.   Was wird dort getragen?

C y r a n o *(sie entfernend)*.
Ich bitte Sie ...

R o x a n e.   Was wollten Sie mir sagen?

C y r a n o. Ich Ihnen? – Nichts! Doch ich bekenne frei:
(Feierlich.)
Christian, an Geist und Körper gleich begnadet,
War ... *(sich erschrocken verbessernd)* ist so würdig ...

R o x a n e.   War?!
(Mit einem lauten Aufschrei.)   O Gott!
(Sie läuft nach hinten und drängt die Kadetten beiseite.)

C y r a n o.   Vorbei!

R o x a n e *(sieht Christian auf seinem Mantel ausge-
streckt)*.
Christian!

Le Bret *(zu Cyrano).*
Dahingestreckt vom ersten Schuß!
(Roxane wirft sich nieder und umklammert Christian. Neue Schüsse. Getümmel, Lärm und Trommeln.)
Carbon *(mit gezücktem Degen).*
Der Feind! Greift zu den Waffen!
(Gefolgt von den Kadetten, übersteigt er die Böschung.)
Roxane. Christian!
Stimme Carbons *(hinter der Böschung).* Ladet!
Roxane. Christian!
Carbon. Richt' euch!
(Ragueneau eilt herbei, in einem Helme Wasser bringend.)
Christian *(mit ersterbender Stimme).* Roxane!
Cyrano *(ihm schnell ins Ohr flüsternd, während Roxane in Verzweiflung ein Stück Leinwand, das sie von ihrer Brust gerissen, ins Wasser taucht, um ihn zu verbinden).* Höre mich!
Ich sagt' ihr alles, und sie liebt nur dich!
(Christian schließt die Augen.)
Roxane. Geliebter!
Carbon. Ladstock hoch!
Roxane *(zu Cyrano).* Nicht wahr, er muß
Nicht sterben?
Carbon. Angeschlagen!
Roxane. Mir will scheinen,
Daß seine Wange kalt wird an der meinen! –
Ein Brief auf seiner Brust! *(Sie öffnet ihn.)*
Für mich!
Cyrano *(beiseite).* Mein Brief!
Carbon. Gebt Feuer!
Cyrano *(will seine Hand losmachen, welche von der knienden Roxane festgehalten wird).*
Ich muß zum Kampf!
Roxane *(ihn zurückhaltend).* Noch nicht! Nun ist er tot.
Sie kannten ihn. Auch Ihnen war er teuer.
(Sie weint sanft.)
Welch süßen Zauber seine Seele bot,
Sie wußten's!
Cyrano *(stehend, mit entblößtem Haupt).*
Ja, Roxane.

R o x a n e.   Denn er war
Ein Dichter.
C y r a n o.   Ja.
R o x a n e.   Sein Geist so fein und klar!
C y r a n o. Gewiß.
R o x a n e.   Und alles Niedrige, Profane
Blieb seinem Herzen ferne.
C y r a n o *(fest).*   Ja, Roxane.
R o x a n e *(wirft sich über Christians Leiche).*
Er starb!
C y r a n o *(für sich, den Degen ziehend).*
            Und ihm zu folgen ist mein Sehnen,
Da sie mich ahnungslos in ihm beweint!
G u i c h e *(erscheint auf der Böschung, zerzaust, mit einer
Wunde auf der Stirn und ruft mit donnernder Stimme).*
Hört ihr das Zeichen? Das ist nicht der Feind!
Mit Lebensmitteln kehrt der Marschall wieder.
Drum haltet aus!
R o x a n e.   Sein Brief voll Blut und Tränen!
E i n e   S t i m m e *(hinter der Bühne).*
Ergebt euch!
V i e l e   K a d e t t e n.
            Nein!
R a g u e n e a u *(welcher vom Kutschbock aus über die
Böschung sehend die Schlacht verfolgt).*
            's wird schlimm!
C y r a n o *(zu Guiche, auf Roxane deutend).*
                    Ich muß in Ihrer Hut
Sie lassen.
R o x a n e *(den Brief küssend, mit schwacher Stimme).*
            Seine Tränen und sein Blut!
R a g u e n e a u *(springt vom Wagen herab, um zu ihr zu
eilen).*
Sie taumelt!
G u i c h e *(auf der Böschung, den Kadetten wild zuru-
fend).*   Haltet aus!
E i n e   S t i m m e *(hinter der Bühne).*   Die Waffen nieder!
V i e l e   K a d e t t e n. Nein!
C y r a n o *(zu Guiche).*   Sie bewiesen Ihres Mutes Größe:
(Auf Roxane deutend.)
Fliehn Sie mit ihr!

G u i c h e *(eilt zu Roxane und hebt sie auf).*
                    Sei's drum! Weicht nicht zurück!
  Bald kommt ja Hilfe.
C y r a n o.   Gut!
  (Zur ohnmächtigen Roxane hinüberrufend, welche von
  Guiche unter Ragueneaus Beistand fortgeschafft wird.)
                    Leb wohl, Roxane!
  (Lärm. Verwundete Kadetten erscheinen und sinken
  hin. Cyrano, der sich in den Kampf stürzen will, wird
  auf dem Kamm der Böschung von dem blutbefleckten
  Carbon aufgehalten.)
C a r b o n. Wir wanken! Ich empfing zwei Lanzenstöße.
C y r a n o *(den Kadetten laut zurufend).*
  Vorwärts, Gascogner!
  (Zu Carbon, welchen er stützt.)
                    Unbesorgt, mein Treuer!
  Zwei Tote räch ich: Christian und mein Glück!
  (Er steigt mit ihm herab und schwingt die Lanze, an
  welche Roxanens Schnupftuch gebunden ist.)
  Nun flattre lustig, du geliebte Fahne!
  (Er pflanzt sie auf den Boden. Zu den Kadetten.)
  Drauflos! *(Zum Pfeifer.)* Spiel deine Weisen!
  (Der Pfeifer spielt. Verwundete erheben sich wieder.
  Kadetten eilen die Böschung herab und scharen sich um
  Cyrano und die kleine Fahne. Andere steigen in und
  auf den Wagen, der, von Waffen starrend, nun einer
  Schanze gleicht.)
E i n K a d e t t *(erscheint, rückwärts gehend und dabei*
  fechtend, auf dem Kamm und schreit).   Sie ersteigen
  Den Wall! *(Er fällt tot hin.)*
C y r a n o. Man wird sie grüßen!
  (Die Böschung ist im Nu mit Feinden angefüllt. Die
  großen Standarten der Kaiserlichen tauchen auf.)
C y r a n o.   Feuer!
  (Salve der Kadetten.)
S t i m m e *(in den Reihen der Feinde).* Feuer!
  (Gegensalve. Viele Kadetten fallen.)
E i n s p a n i s c h e r O f f i z i e r *(sichtbar werdend).*
  Wer sind sie, die dem Tod die Stirne zeigen?
C y r a n o *(im Kugelregen deklamierend).*
    Das sind die Gascogner Kadetten;

Ihr Hauptmann ist Castel-Jaloux.

Sie raufen und lügen und wetten.

(Er dringt auf die Feinde ein, gefolgt von den wenigen Überlebenden.)

Das sind die Gascogner Kadetten ...

(Der Schlachtlärm übertönt das Weitere. – Der Vorhang fällt.)

Fünfter Aufzug

Cyranos Wochenchronik

*Fünfzehn Jahre später: 1655. Der Klostergarten der
Nonnen vom Orden des Kreuzes, in Paris.*

*Stattliche Bäume. Links das Haus, mit mehreren Türen
und einer breiten Freitreppe. In der Mitte der Bühne
steht isoliert ein mächtiger Baum, als Mittelpunkt eines
kleinen ovalen Platzes. Rechts vorn, zwischen Buchs-
baumhecken, eine halbkreisförmige Steinbank.*

*Längs des ganzen Hintergrundes zieht sich eine Allee
von Kastanienbäumen und mündet rechts hinten bei der
Tür einer aus dem Laubwerk hervorschimmernden Kapelle. Hinter der doppelten Baumreihe sieht man weite
Rasenflächen, andere Alleen, Boshetts, den Himmel.*

*Eine kleine Seitenpforte der Kapelle führt in einen mit
rotem Weinlaub übersponnenen Säulengang, welcher
sich rechts vorn hinter den Hecken verliert.*

*Es ist Herbst. Alles Laub über dem frischgrünen Rasen
ist rot. Buchs und Taxus heben sich wie dunkelgrüne
Flecken davon ab. Unter jedem Baum liegen welke
Blätter; sie bedecken die ganze Bühne, rascheln unter
den Schritten und lagern zahlreich auch auf der Freitreppe und den Bänken.*

*Zwischen der Bank vorn rechts und dem Baum ein gro-
ßer Stickrahmen; davor ein kleiner Stuhl. Körbchen
voll Strähnen und Knäueln; angefangene Stickerei.*

*Beim Aufgehen des Vorhangs Kommen und Gehen der
Nonnen; einige sitzen auf der Bank; in ihrer Mitte eine
ältere Klosterfrau. Welke Blätter fallen.*

Erster Auftritt

*Mutter Marguerite. Schwester Marthe. Schwester Claire.
Nonnen.*

SCHWESTER MARTHE *(zu Mutter Marguerite).*
Ich sah, daß Schwester Claire heut in den Spiegel blickte,
Wie ihr das Häubchen steht.

Mutter Marguerite *(zu Schwester Claire).*
                              Sehr unrecht, freilich!
Schwester Claire.
   Ich sah, wie Schwester Marthe am Kuchen pickte
   Und eine Pflaume nahm.
Mutter Marguerite *(zu Schwester Marthe).*
                              Sehr unverzeihlich!
Schwester Claire. Ein Blickchen nur!
Schwester Marthe.
                              Ein Pfläumchen nur, ganz klein.
Mutter Marguerite.
   Heut abend sag ich's Herrn Cyrano.
Schwester Claire *(erschrocken).*   Nein!
   Dann wird er spotten!
Schwester Marthe.   Daß kokett die Nonnen ...
Schwester Claire. Naschhaft ...
Mutter Marguerite *(lächelnd).*   Und liebreich.
Schwester Claire.   Mutter Marguerite,
   Seit wieviel Jahren lenkt er seinen Schritt
   Allwöchentlich hierher?
Mutter Marguerite.
                              Schon vierzehn sind verronnen,
   Seit seine Base, jedem Troste feind,
   Mit unsern Leinwandhäubchen hat vereint
   Ihr dunkles Witwenkleid, wie wenn ins Bauer
   Ein schwarzes Vöglein fliegt zu lauter weißen.
Schwester Marthe.
   Nur er kann sie der unstillbaren Trauer,
   Der sie sich hier im Kloster weiht, entreißen.
Alle Schwestern.
   Wir sehn ihn gern! – Wie spaßig er doch ist! –
   Stets heiter! – Und wie drollig er uns neckt! –
   Zum Danke backen wir für ihn Konfekt.
Schwester Marthe.
   Ich zweifle nur, ob er ein guter Christ.
Schwester Claire. Wir wollen ihn bekehren!
Die Schwestern.   Ja!
Mutter Marguerite.   Kein Wort!
   Ihr dürft nicht ins Gebet ihn nehmen, Kinder;
   Denn falls ihr ihn belästigt, bleibt er fort.
Schwester Marthe. Und Gott ...?

Mutter Marguerite.
>   Je nun, Gott kennt ihn drum nicht minder.
Schwester Marthe.
>   Doch jeden Samstag kündet er uns Schwestern
>   Mit Stolz: »Ich habe nicht gefastet gestern.«
Mutter Marguerite.
>   Der Ärmste! Wisset, ich vernahm, er faste
>   Oft tagelang.
Schwester Marthe.   Warum?
Mutter Marguerite.   Aus Not.
Schwester Marthe.   Sie glauben?
>   Von wem erfuhren Sie's?
Mutter Marguerite.   Von Herrn Le Bret.
Schwester Marthe.   Hilft niemand ihm?
Mutter Marguerite.   Er würd' es nicht erlauben.
>   *(In der Allee wird Roxane sichtbar, schwarz gekleidet,*
>   *mit Witwenhaube und langem Schleier. Guiche, gealtert*
>   *und prunkvoll, geht neben ihr. Sie schreiten langsam.*
>   *Mutter Marguerite steht auf.)*
>   Nun aber kommt hinein! Mit einem Gaste
>   Lustwandelt Frau Madeleine in der Allee.
Schwester Marthe *(leise zu Schwester Claire)*.
>   Ist das der Herzog von Grammont?
Schwester Claire *(hinschauend)*.   Ja, richtig.
Schwester Marthe.   Lang blieb er fern.
Die Schwestern.   Sein Amt ist zu gewichtig! –
>   Der Dienst bei Hof! – Der Krieg! –
Schwester Claire.   Weltliche Sorgen!
(Sie gehen ab. Guiche und Roxane kommen schweigend
nach vorn, bleiben in der Nähe des Stickrahmens stehen.
Pause.)

Zweiter Auftritt

Roxane. Herzog von Grammont, einstiger Graf Guiche.
Dann Le Bret, Ragueneau.

Herzog. Bleibt Ihre Jugend stets der Welt verborgen?
>   Stets trauernd?
Roxane.   Stets.

H e r z o g.   Und treu?
R o x a n e.   Auch das.
H e r z o g *(nach einer Pause).*   Und mir
  Vergaben Sie noch nicht?
R o x a n e *(neue Pause).*   Das lernt man hier.
H e r z o g. War er so einzig?
R o x a n e.   Oh, man mußt' ihn kennen!
H e r z o g.
  Mag sein. – Ich kannt' ihn kaum. Und niemals trennen
  Sie sich von seinem letzten Brief?
R o x a n e.   Beständig
  Auf meinem Herzen ruhn die teuren Zeilen.
H e r z o g. Sie lieben noch den Toten?
R o x a n e.   Ja, zuweilen
  Glaub ich, daß ihn der Tod mir nicht entriß;
  Denn seine Lieb' umschwebt mich wie lebendig.
H e r z o g *(nach einer neuen Pause).*
  Und kommt Cyrano manchmal?
R o x a n e.   O gewiß.
  Der alte Freund ersetzt für mich die Zeitungsblätter.
  Hier unterm Baum hat er bei schönem Wetter
  Sein Lieblingsplätzchen. Ich erwart ihn stickend,
  Und pünktlich mit dem Glockenschlage stets
  Erkenn ich seinen Schritt, kaum aufwärts blickend.
  Er spottet meiner ew'gen Stickerei,
  Setzt sich und plaudert und erzählt dabei
  Die Wochenchronik ... *(Le Bret erscheint auf der Frei-
  treppe.)*   Herr Le Bret!
  (Le Bret kommt herab.)   Wie geht's
  Dem Freunde?
L e B r e t.   Schlecht.
H e r z o g.   Oh!
R o x a n e *(zum Herzog).*   Nein, er übertreibt!
L e B r e t.
  Vereinsamung und Not – so mußt' es kommen! –
  Nur neue Feinde schafft ihm, was er schreibt!
  Er greift die Stutzer an, die falschen Frommen,
  Maulhelden, Pfuscher – kurz, die ganze Welt!
R o x a n e. Er ist gefeit; sein unbesiegter Degen
  Schreckt jeden Feind.
H e r z o g *(achselzuckend).*   Das sei dahingestellt.

L e B r e t. Nicht seine Händel sind's, die mich erregen.
  Ich kenne weit gefährlichere Dränger:
  Frost, Einsamkeit und der Entbehrung Jammer
  Ziehn heimlich ein in seine dunkle Kammer!
  Schon schnallt er täglich seinen Gürtel enger;
  Die Farbe seiner armen Nase gleicht
  Dem Pergament; sein Rock ist abgetragen ...
H e r z o g. Beklagt ihn nicht! Er hat nicht viel erreicht;
  Jedoch ...
L e B r e t *(mit bitterem Lächeln)*.   Herr Marschall! –
H e r z o g.   Ist er zu beklagen?
  Er konnte stets auf eignen Füßen stehn
  Und blieb von Rücksicht und von Zwang befreit.
L e B r e t *(wie oben)*.
  Herr Herzog! –
H e r z o g *(hochmütig)*. Ja gewiß, ich bracht' es weit;
  Er nicht. – Doch schätz ich ihn.
  (Zu Roxane.)   Auf Wiedersehn!
R o x a n e. Ich führe Sie.
  *(Der Herzog grüßt Le Bret und wendet sich mit Roxane
  der Freitreppe zu.)*
H e r z o g *(bleibt, während sie die Stufen hinansteigt,
  stehen)*.   Fast könnt' ich ihn beneiden.
  Denn wer zum Ziel der kühnsten Wünsche kam,
  Muß, auch wenn schwere Schuld ihn nicht belastet,
  Vom eignen Herzen manchen Vorwurf leiden;
  Nicht Reue fühlt er, aber leise Scham.
  Dieweil von Stufe man zu Stufe hastet,
  Schleift unsres reichen Herzogmantels Schleppe
  Ein Heer von toten Illusionen mit,
  Wie jetzt Ihr Trauerkleid bei jedem Schritt
  Die welken Blätter nachzieht auf der Treppe.
R o x a n e *(ironisch)*.
  Plötzlich so träumerisch?
H e r z o g.   Ja.
  (Im Begriff, abzugehen, kurz.)   Herr Le Bret!
  (Zu Roxane.)
  Vergebung! *(Er geht zu Le Bret; halblaut.)*
            Ihren Freund zu fordern wagt
  Wohl keiner; aber vielen tat er weh.
  Gestern bei Hof hat jemand mir gesagt:

»Dieser Cyrano scheint mir seines Lebens
Nicht sicher.«
Le Bret.   Ah?
Herzog.   Drum dürft' ihm Vorsicht frommen.
Le Bret *(die Arme zum Himmel hebend)*.
Vorsicht! – Ich werd ihn mahnen; doch vergebens! –
Roxane *(welche noch auf der Freitreppe steht, zu einer
auf sie zukommenden Schwester)*.
Was gibt's?
Die Schwester.   Herr Ragueneau.
Roxane.   Er möge kommen.
(Zum Herzog und zu Le Bret.)
Längst bilden nur noch Klagen sein Programm.
Als Autor jäh gescheitert, ward er schnell
Schauspieler ...
Le Bret.   Bader ...
Roxane.   Organist ...
Le Bret.   Pedell ...
Roxane. Barbier ... Was er wohl jetzt ist?
Ragueneau *(erregt und eilig eintretend)*. Oh, Madame!
(Er begrüßt Le Bret.)
Roxane *(lächelnd)*.
Gleich. – Sie berichten Ihre Schicksalsschläge
Inzwischen Herrn Le Bret.
Ragueneau.   Doch ...
*(Roxane geht, ohne ihn zu hören, mit dem Herzog ab.
Er eilt zu Le Bret.)*

Dritter Auftritt

Le Bret. Ragueneau.

Ragueneau.   Nun ich *Sie* hier finde,
Ist's freilich besser, wenn sie nichts erfährt! –
Zu unserm Freund war just ich auf dem Wege.
Dem Haus schon nah, seh ich, wie er's geschwinde
Verläßt und um die Straßenecke kehrt.
Ich lauf ihm schleunigst nach, erblick ihn wieder:
Da wirft aus einem Fenster ein Lakai –
War's bloßer Zufall? – ein Stück Holz hernieder.

L e B r e t. O Schurkenstreich!
R a g u e n e a u.   Ich eile schnell herbei ...
L e B r e t. Nun?
R a g u e n e a u. Unser Dichter liegt am Boden, bleich,
  Die Stirn gespalten wie von einem Hammer!
L e B r e t. Tot?
R a g u e n e a u.
            Nein; jedoch ... mein Gott, ich bracht' ihn gleich
  Zu seinem Haus, in seine dürft'ge Kammer.
L e B r e t. Er leidet?
R a g u e n e a u.   Sein Bewußtsein ist geschwunden.
L e B r e t. Und kam ein Arzt ...?
R a g u e n e a u.   Aus Mitleid, ja.
L e B r e t.   Mein lieber,
  Mein armer Freund! – Sie darf erst nach und nach
  Die Wahrheit hören! – Und der Arzt?
R a g u e n e a u.   Er sprach –
  Ich weiß nicht recht – von einem Hirnhautfieber ...
  Ach, wenn Sie jetzt ihn sehn – die Stirn verbunden! ...
  Wir müssen eilen! Niemand ist zur Stelle,
  Und aufstehn darf er nicht; es würd' ihn töten!
L e B r e t *(ihn nach rechts fortziehend).*
  Der Weg ist kürzer! Komm! Durch die Kapelle!
R o x a n e *(erscheint auf der Freitreppe und sieht, wie Le
  Bret sich durch den Säulengang, welcher zu der kleinen
  Tür der Kapelle führt, entfernt).*
  Le Bret!
  (Le Bret und Ragueneau schnell ab, ohne zu antworten.)
            Geht er und hört mich nicht? Was mag
  Der gute Ragueneau von seinen Nöten
  Erzählt ihm haben? *(Sie steigt herab.)*

Vierter Auftritt

  Roxane, allein. Dann zwei Schwestern.

R o x a n e.   Welch ein schöner Tag!
  Vorm Lenz bebt meine Trauer scheu zurück;
  Doch sanfter Herbst erleichtert ihr die Fessel.
  (Sie setzt sich an ihren Stickrahmen. Zwei Schwestern

bringen aus dem Haus einen großen Lehnstuhl und
stellen ihn unter den Baum.)
Ah, meines alten Freundes Lieblingssessel.
Habt Dank!
S c h w e s t e r   M a r t h e.   's ist unser bestes Möbelstück.
(Die Schwestern entfernen sich.)
R o x a n e.   Nun kommt er bald.
(Sie schickt sich zur Arbeit an. Eine Uhr schlägt.)
                                 Da schlägt die Uhr. – Wohin
Tat ich den Knäuel? Hier! – Sie schlug – die volle Zahl.
Seltsam! Kommt er zu spät – zum erstenmal?
Mein Fingerhut? – Die Schwester Pförtnerin
Ermahnt ihn wohl zur Buße. *(Kleine Pause.)* Ja, sie hat
Ihn wohl ermahnt. Deshalb! – Ein welkes Blatt! –
(Sie wirft mit einem Finger das auf den Stickrahmen
gefallene Blatt herunter.)
Was könnt' ihn sonst – Die Schere? . . . Hier im Pack!
Am Kommen hindern?
E i n e   S c h w e s t e r   *(erscheint auf der Freitreppe).*
                          Herr von Bergerac.

Fünfter Auftritt

  Roxane. Cyrano. Später Schwester Marthe.

R o x a n e   *(ohne sich umzuwenden).*
  Ich wußt' es ja!
  (Sie stickt. Cyrano erscheint, sehr bleich, den Filzhut
  tief in die Stirn gedrückt. Die Schwester, die ihn gelei-
  tet, geht ins Haus zurück. Er steigt langsam die Treppe
  herab, sich auf seinen Stock stützend und mit sichtbarer
  Anstrengung sich aufrecht haltend. Roxane arbeitet
  weiter.)   Die Farben sind zu fahl . . .
  (Zu Cyrano, mit gutmütigem Schmollen.)
  Seit vierzehn Jahren heut zum erstenmal
  Verspätet!
C y r a n o   *(ist zum Sessel gelangt und hat sich gesetzt;*
  mit einer Heiterkeit, die seinem Aussehen widerspricht).
                Unerhört! Ich tob und fluche
  Vor Ärger, daß ich aufgehalten ward! –

R o x a n e. Von wem?
C y r a n o.   Von einem lästigen Besuche ...
R o x a n e *(stickend, zerstreut).*
   Ach so!
C y r a n o. ... der, wenn er einmal kommt, verharrt.
R o x a n e. Sie schickten ihn nach Haus?
C y r a n o.   Ich sprach: Verzeihen Sie;
   Doch heut ist Samstag; in Beschlag genommen
   Bin ich durch einen Gang, den ich noch nie
   Versäumt. Sie können später wiederkommen.
R o x a n e *(leichthin).*
   Der Mensch soll warten, wenn er doch nicht weicht! –
   Vorm Abend laß ich Sie nicht gehn.
C y r a n o.   Vielleicht
   Muß ich schon früher fort.
   *(Er schließt die Augen. Kurze Pause. Schwester Marthe
   kommt aus der Kapelle und geht quer über die Bühne
   zur Freitreppe. Roxane bemerkt sie und macht ihr mit
   einer leichten Kopfbewegung ein Zeichen.)*
R o x a n e *(zu Cyrano).*   Sie necken sich
   Heut nicht mit Schwester Marthe?
C y r a n o *(die Augen aufschlagend, rasch).*
   Doch! *(Laut, mit drolliger Stimme.)*
         Vorbild aller Schwestern!
   (Schwester Marthe nähert sich ihm schüchtern.)
   Ha, ha! Stets tief gesenkt die schönen Augen!
S c h w e s t e r   M a r t h e *(hebt lächelnd ihre Augen zu
   ihm empor).*   Ich ...
   *(Sie bemerkt sein verändertes Aussehen; mit einer Be-
   wegung des Erstaunens.)*
   Oh!
C y r a n o *(leise, auf Roxane deutend).*
      Still!
   (Laut, mit großsprecherischem Ton.)
            Ich habe nicht gefastet gestern.
S c h w e s t e r   M a r t h e *(für sich).*
   Drum ist er auch so bleich!
   (Schnell und leise.)   Ich will sofort
   Im Refektorium eine kräft'ge Brühe
   Bestellen. Und Sie kommen?
C y r a n o.   Auf mein Wort!

Schwester Marthe. Das ist vernünftig.
Roxane *(hört sie miteinander flüstern).*
                             Gibt sie nun sich Mühe,
   Sie zu bekehren?
Schwester Marthe. Niemals!
Cyrano.   Heut so mild?
   Sie, sonst im frommen Eifer so beredt,
   Sie predigen mir nicht? Ist das zu glauben?
   (Mit scherzhafter Heftigkeit.)
   Zum Henker, wenn's Unglaublichkeiten gilt,
   Dann will ich Ihnen meinethalben erlauben ...
   (als ob er nach einem guten Scherzwort gesucht und es
   gefunden hätte)
   Mich einzuschließen heut in Ihr Gebet.
Roxane. Oh!
Cyrano *(lachend).*
              Nun, wo bleibt der Überraschungsschrei?
Schwester Marthe *(sanft).*
   Bevor Sie mir's erlaubten, tat ich's schon.
   (Sie geht ins Haus.)
Cyrano *(sich wieder Roxane widmend, die über ihren*
   Stickrahmen gebeugt ist).
   Potz Blitz, das Ende dieser Stickerei
   Möcht' ich erleben!
Roxane *(lächelnd).*   Stets der alte Hohn!
   (Ein Windhauch weht Blätter herab.)
Cyrano. Die Blätter!
Roxane *(blickt auf und sieht nach den Alleen hin).*
               Sie sind venetianisch blond.
Cyrano. Und wie sich jedes noch im Fallen sonnt!
   Trotz ihrer Angst, zu faulen auf der Erde,
   Verwandeln sie den kurzen Todeszug,
   Damit ihm eine letzte Schönheit werde,
   In einem anmutvollen Flug.
Roxane. So melancholisch – Sie?
Cyrano *(sich besinnend).*   Nein, Gott bewahre!
Roxane. Von welken Blättern reden wir, anstatt
   Daß Ihre Neuigkeiten ich erfahre ...
   Die Chronik ...!
Cyrano.   Gut!
Roxane.   Ah!

C y r a n o *(immer bleicher werdend und gegen die
Schmerzen ankämpfend).* Letzten Samstag hat
Der König achtmal Traubenmus gegessen;
Doch von den Ärzten ward sein Magenpressen
Als Majestätsbeleidigung verdammt,
Und sein erhabner Puls ist hergestellt.
Am Sonntag großer Ball bei Hof, umflammt
Von tausend Kerzen aus schneeweißem Wachs.
Johann von Österreich ward besiegt im Feld.
Fünf Hexen hängte man; dem kleinen Dachs
Von Madame d'Athis gab man ein Klystier ...
R o x a n e. Still, bitte!
C y r a n o.   Montag – nichts. Nur Lygdamire
Nahm wieder einen neuen Liebsten.
R o x a n e.   Oh!
C y r a n o *(dessen Züge sich mehr und mehr verändern).*
Am Dienstag war der Hof in Fontainebleau.
Den Grafen Fiesque frug Mittwoch die Montglat:
Nein! Donnerstag: ob die Mancini Ränke spinne.
Am Freitag gab er ihr zur Antwort: Ja.
Und heute, Samstag ...
(Er schließt die Augen. Sein Kopf fällt vornüber. Pause.)
R o x a n e *(von seinem Schweigen überrascht, wendet sich
um, sieht ihn an und steht erschrocken auf).*
                        Schwanden ihm die Sinne?
(Sie eilt zu ihm hin und ruft.)
Cyrano!
C y r a n o *(die Augen wieder aufschlagend, mit schwan-
kender Stimme).*
        Ja ... Was gibt's?
*(Er sieht Roxane, die sich über ihn gebeugt hat, setzt
schnell seinen Hut fest und weicht in seinem Sessel er-
schreckt vor ihr zurück.)*
                        Besorgt? – Nein, Possen!
's ist gar nichts!
R o x a n e.   Aber ...
C y r a n o.   Meine Wunde nur ...
Von Arras ... spukt noch manchmal ...
R o x a n e.   Armer Freund!
C y r a n o. Das schadet nichts. Es geht vorbei.
(Mit Anstrengung lächelnd.)   Schon gut.

Roxane *(vor ihm stehend).*
  Auch meine Wunde hat sich nie geschlossen
  Und schmerzt beständig. Ihre frische Spur
  (sie legt die Hand auf die Brust)
  Birgt hier der Brief, den schon das Alter bräunt;
  Doch zeigt er noch die Tränen und das Blut.
  (Es beginnt zu dämmern.)
Cyrano. Sie sagten, einst dürft' ich ihn lesen. Halten
  Sie dieses Wort?
Roxane.   Sie wollen?
Cyrano.   Ich bewerbe
  Mich heut darum ...
Roxane *(gibt ihm das Beutelchen, welches sie an einem
  Bande auf der Brust getragen).* Hier.
Cyrano *(nimmt es).*   Darf ich ihn entfalten?
Roxane. Nur zu! –
  *(Sie geht zu ihrem Stickrahmen zurück, legt ihn zusam-
  men, ordnet ihre Stickwolle.)*
Cyrano *(liest).* »Roxane, lebe wohl; ich sterbe!« –
Roxane *(stutzt).*
  Sie lesen laut?
Cyrano *(liest).* »Bald ruft mich mein Geschick!
  Wie voll mein Herz von Zärtlichkeit gewesen,
  Hast du's geahnt? Nie wird mein trunkner Blick,
  Nie mehr in sel'ger Lust ...«
Roxane.   Wie schön Sie lesen!
Cyrano *(fortfahrend).*
  »Die Lüfte küssen, die du Zauberin
  Mit lieblichen Gebärden leis bewegt;
  Wie deine Hand sich an die Stirne legt,
  Ich seh's im Geist, und Grüße send ich hin ...«
Roxane. Sie lesen seinen Brief so ...
  (Es wird allmählich Nacht.)
Cyrano.   »Tausend Grüße.
  Leb wohl! ...«
Roxane.   Sie lesen ihn ...
Cyrano.   »Du Holde, Süße ...«
Roxane. Mit einer Stimme ...
Cyrano.   »Du Geliebte ...!«
Roxane.   Nein,
  Die Stimme hör ich nicht zum erstenmal!

*(Sie nähert sich ganz leise, ohne daß er es bemerkt, tritt
hinter den Sessel, beugt sich sacht vornüber und betrachtet den Brief. – Die Dunkelheit nimmt zu.)*

C y r a n o. »Mein ganzes Herz ist auch im Tode dein,
Und alle Glut, die liebend ich dir zolle,
Flammt noch in meiner Augen letztem Strahl ...«

R o x a n e *(ihm die Hand auf die Schulter legend).*
Wie können Sie noch lesen? Es ist Nacht.

*(Er zittert, wendet sich um, sieht sie dicht hinter sich,
macht eine Bewegung des Schreckens, senkt das Haupt.
Lange Pause. Es ist völlig dunkel geworden. Endlich
sagt sie langsam, mit gefalteten Händen.)*

Und vierzehn Jahre spielt er diese Rolle –
Der alte Freund zu sein, der Späße macht!

C y r a n o. Roxane, nein!

R o x a n e.　　　　　　*Sie waren's!*

C y r a n o.　　　　　　　　　　Nein, Roxane!

R o x a n e. Und ich erriet es nicht!

C y r a n o.　　　　　　　　　Nein, nein!

R o x a n e.　　　　　　　　　　　　Genug!

Sie waren's!

C y r a n o.　　Nein, ich schwör's!

R o x a n e.　　　　　　　　　Umsonst. Ich ahne
Den ganzen heldenmütigen Betrug.

Das ist *Ihr* Brief ...

C y r a n o.　　　　Nein!

R o x a n e.　　　　　　Jedes süße Wort
Von Ihnen ...

C y r a n o.　　Nein!

R o x a n e.　　　　Die nächt'ge Stimme – Sie!

C y r a n o. Ich schwör's!

R o x a n e.　　　　　　Sie schenkten Ihre Seele fort!

C y r a n o. Ich liebte Sie ja nicht.

R o x a n e.　　　　　　　Doch!

C y r a n o.　　　　　　　　　　Er allein!

R o x a n e Sie liebten mich!

C y r a n o.　　　　　Nein!

R o x a n e.　　　　　　　Schwächer wird Ihr Nein.

C y r a n o. Nein, nein, geliebtes Kind, dich liebt' ich nie!

R o x a n e.
Was tot ist, und was ... lebt, verschmilzt in eins! –

Warum nur schwiegen Sie seit vierzehn Jahren?
Die Tränen hier auf diesem Briefe waren
Ja doch die Ihrigen!
C y r a n o *(ihr den Brief hinreichend).*
                    Das Blut war seins.
R o x a n e. Wenn edle Rücksicht Ihre Zunge band,
Warum grad heut ...
C y r a n o.   Warum?
(Le Bret und Ragueneau kommen in größter Eile.)

Sechster Auftritt

Vorige. Le Bret. Ragueneau.

L e B r e t.   Der Unverstand,
Ich hab's mir wohl gedacht! –
C y r a n o *(richtet sich lächelnd auf).* Ei sapperlot!
L e B r e t. Daß er hierher kam, tötet ihn!
R o x a n e.   Mein Gott!
So war's vorhin nicht nur die alte Wunde ...?
C y r a n o. Nun ja denn, meine Chronik setzt' ich fort:
... Und heute Samstag, in der Abendstunde,
Fiel Herr von Bergerac durch Meuchelmord.
*(Er nimmt seinen Hut ab; Stirn und Kopf sind von
einem Verband bedeckt.)*
R o x a n e.
Was sagt er? – Was geschah? – Sein Haupt umschnürt!
Cyrano!
C y r a n o. »Einem Helden unterlegen,
Ruhmvoll im Herzen den geschliffnen Degen!« –
Mein Schicksal wollt' es anders und gebot,
Daß einem Streiche, den ein Knecht geführt,
Und feiger Hinterlist ich unterläge!
Alles mißglückte mir, sogar mein Tod.
R a g u e n e a u. Ach, schändlich!
C y r a n o.   Alter, weine nicht so sehr! –
(Er reicht ihm die Hand.)
Womit verdienst du nun dein Brot, Kollege?
R a g u e n e a u *(unter Tränen).*
Ich ... ich bin Lampenputzer bei Molière.

Cyrano. Molière!

Ragueneau.   Doch morgen geh ich von ihm fort,
  Weil gestern im »Scapin« ich voll Empörung sah:
  Ein Auftritt ist entlehnt von Ihnen.

Le Bret.   Ja.

Ragueneau.
  Der Scherz mit der Galeere – Wort für Wort.

Le Bret. Die Szene stahl er dir!

Cyrano.   Still! Er tat recht.
  (Zu Ragueneau.)
  Wie machte sich die Szene? Wohl nicht schlecht?

Ragueneau *(schluchzend)*.
  Man lachte, Herr, man lachte . . .!

Cyrano.   Ich war immer
  Der, welcher einbläst – und im Schatten steht.
  (Zu Roxane.)
  Gedenken Sie des Abends, als im Schimmer
  Des Monds Christian um einen Kuß gefleht?
  So war mein Los: Ich, der die Worte lieh,
  Stieg nicht empor, den Kuß des Ruhms zu spüren,
  Und dennoch darf ich keine Klage führen:
  Christian war schön, Molière ist ein Genie.
  *(Die Glocke der Kapelle hat zu läuten angefangen.
  Durch die Allee des Hintergrundes begeben sich die
  Nonnen zum Gottesdienst.)*
  Das Glöcklein schallt; sie schreiten zum Gebet.

Roxane *(erhebt sich und ruft)*.
  Ihr Schwestern!

Cyrano *(sie zurückhaltend)*.
               Gehn Sie nicht, sie mir zu bringen!
  Eh' Sie zurück sind, wär' es schon zu spät.
  *(Die Nonnen sind in die Kapelle eingetreten; man hört
  die Orgel.)*
  Nun hör ich noch ein wenig Wohllaut klingen.

Roxane. Ich liebe Sie!

Cyrano.   Nein, nur im Märchenreiche
  Schmilzt des verschämten Prinzen Häßlichkeit,
  Wenn ihn der Liebe Sonnenwort befreit . . .
  Du würdest sehn, daß ich noch stets der Gleiche.

Roxane. Ich war Ihr Unglück!

Cyrano.   Willst du dich verlästern?

Die Mutter selbst fand mich nicht hübsch, und Schwestern
besaß ich nicht. Vor jedem Liebestraum
Ließ mich die Furcht vor Spott erbeben.
Dir dank ich's, dir allein, daß durch mein Leben
Gestreift ist eines Frauenkleides Saum.

Le Bret (*zeigt ihm den Mond, welcher durch die
Zweige scheint*).
Dein alter Freund!

Cyrano (*dem Monde zulächelnd*). Ich seh's!

Roxane.   Ein einzig Wesen
Nur liebt' ich und verlier's zum zweitenmal!

Cyrano. Le Bret, zu diesem leuchtenden Opal
Werd ich heut ohne Hilfsmaschinen steigen.

Roxane. Was sagen Sie?

Cyrano.   Ja, dort werd ich genesen;
Dort werden in der Geister sel'gem Reigen
Mir Sokrates und Galilei nahn
Und als bescheidnen Schüler mich empfahn.

Le Bret (*ausbrechend*).
Ingrimm und Zorn vereinen sich dem Weh!
Solch edles Leben flieht! Und nicht zu retten!
Fluch seinen Mördern!

Cyrano.   Brumme nicht, Le Bret!

Le Bret (*in Tränen*).
Mein teurer Freund ...

Cyrano (*sich aufrichtend, mit wirrem Blick*).
              Das sind die Gascogner Kadetten ...
Kopernikus ... Ja! ... Das Gesetz der Schwere ...

Le Bret. Gelehrsamkeit – im Fieber!

Cyrano.   Die Natur
Gibt Aufschluß ...

Roxane.   Oh!

Cyrano.   »Was Teufel wollt' er nur,
Was Teufel wollt' er nur auf der Galeere?«

Musiker und Reimedrechsler,
Physiker, Philosoph und Fechter,
Zungenfertiger Schlagwortwechsler,
Mondreisender ohne Sack und Pack,
Liebhaber auch – jedoch ein schlechter! –
Hier ruht und wartet des Jüngsten Gerichts

Cyrano Savinien Herkules von Bergerac,
Der alles gewesen und dennoch nichts. –

Doch nun verzeiht; nun muß ich euch verlassen:
Ihr seht, der Strahl des Mondes will mich fassen.
(Er ist zurückgesunken; Roxanens Tränen rufen ihn zur
Wirklichkeit zurück; er sieht sie an und streichelt ihren
Schleier.)
Sie sollen Ihren Christian stets beweinen;
Nur bitt ich, geben Sie, wenn ich der Fessel
Des Erdenseins entledigt bin,
Dem schwarzen Schleier einen Doppelsinn,
Um ihn und mich auch trauernd zu vereinen.
R o x a n e. Ich schwör es Ihnen!
C y r a n o *(von Frost geschüttelt, erhebt sich gewaltsam).*
                                   Nein, nicht hier im Sessel!
(Man will zu ihm eilen.)
Und niemand soll mich stützen!
(Er lehnt sich an den Baum.)   Nur der Stamm!
(Pause.)
Er kommt, mir Marmorstiefel anzulegen,
Handschuh' von Blei! – *(Sich aufraffend.)*
                                   Er kommt. Ich will ihm stramm
Ins Antlitz schauen,
(den Degen ziehend) in der Hand den Degen.
L e B r e t. Cyrano, hör!
R o x a n e *(einer Ohnmacht nahe).*
                                   Cyrano!
(Alle weichen erschrocken zurück.)
C y r a n o.   Schielt er nicht
Nach meiner Nase, der stumpfnäs'ge Wicht?
(Den Degen erhebend.)
Ihr sagt, es sei vergeblich? – Wohl, ich weiß! –
Schlägt man sich nur in Hoffnung auf den Sieg?
Weit schöner ist ein aussichtsloser Krieg. –
Was kommt dort an? – Welch lästiges Geschmeiß?
Der ganze Troß der alten Widersacher!
Die Lüge? *(Er sticht mit seinem Degen ins Leere.)*
                 Da! – Der überlebte Brauch,
Feigheit und Vorurteil! *(Er sticht wieder.)*
                                   Glaubt ihr, ich treibe Schacher?

Niemals, niemals! – Aha, die Dummheit auch!
Ich weiß, ihr triumphiert und bleibt im Rechte;
Was liegt daran? Ich fechte, fechte, fechte!
(*Er tut wilde Ausfälle und hält endlich keuchend inne.*)
Entreißt mir nur den Lorbeer und die Rosen!
Mir bleibt ein Gut, trotz aller Stürme Tosen,
Das niemals ward befleckt im Kampfgefild'
Und das ich heut, am Ende meiner Tage,
Getrost zur blauen Himmelsschwelle trage;
Dies Gut –
(*er tut mit erhobenem Degen einen Schritt nach vorwärts*)   es ist ...
(*Der Degen entsinkt seiner Hand; er taumelt und fällt in die Arme von Le Bret und Ragueneau.*)

R o x a n e *(sich über ihn beugend und ihn auf die Stirn küssend).*   Es ist ...?

C y r a n o *(öffnet noch einmal die Augen, erkennt sie und sagt lächelnd).*   Mein Wappenschild.

Vorhang

Nachwort

Mitten in eine Zeitströmung der französischen Literatur, die im Zeichen des von den Brüdern Goncourt aufgebrachten »Naturalismus« stand – hier seien nur Flaubert, Maupassant, Alphonse Daudet und Zola genannt (die Dramatiker dieser Richtung sind bis auf Henri Becque fast verschollen) –, in der man soziales Elend, Brüchigkeit der Gesellschaft, das Laster und seine Folgen auf der Szene der Theater zu sehen bekam, trat am 28. Dezember 1897 der Dichter Edmond Rostand mit seiner Verskomödie um einen Dichter, Edelmann, Bohemien des beginnenden 17. Jahrhunderts, *Cyrano de Bergerac*, und hatte am Théâtre de la Porte Saint-Martin einen triumphalen Erfolg. Kein Geringerer als der ältere Coquelin, einer der bedeutendsten Charakterkomiker, die die Annalen des Welttheaters verzeichnen, kreierte die Titelrolle, spielte sie in kürzester Frist in Paris, aber auch in den Vereinigten Staaten über fünfhundertmal, rasch wurde das Stück in alle Weltsprachen übersetzt, überall in die Spielpläne aufgenommen und erweist sich nun auch heute immer noch als das, was es von Anfang an war, ein elegantes, liebenswürdiges, in der Gesinnung nobles Werk, farbenprächtig, geist- und humorvoll, ein Stück jenes Theaters, das uns nicht mit Realitäten konfrontiert, sondern den farbigen Abglanz zeigt, an dem das Leben durchaus auch zu haben ist.

Edmond Rostand stammte aus einer wohlhabenden Familie Marseilles und kam dort am 1. April 1868 – also im gleichen Jahre wie Paul Claudel, ein Jahr vor André Gide und drei Jahre vor Proust und Valéry – als Sohn eines Soziologen und Journalisten zur Welt. Im Collège Stanislas in Paris bekam er seine Erziehung, heiratete früh seine ebenfalls als Schriftstellerin tätige Frau Rosemonde Gérard (1871–1953) und schrieb als kaum Zwanzigjähriger für sich selbst, seine Gattin und wenige Freunde eine Liebhabertheater-Komödie. Bereits 1888 wurde sein Vaudeville *Der rote Handschuh* in Paris aufgeführt, 1890 veröffentlichte er recht unbeachtet ein Bändchen Lyrik *Les Musardises* (»Maulaffereien«). Nun folgen mit zunehmendem Echo beim Publikum 1894 *Les Romanesques* (Die Romantischen), 1895 die von dem mittelalterlichen provenzalischen Minnesänger Jaufré Rudel und seiner Liebe zur nie gesehenen Prinzessin Mélisande von Tripolis handelnde Verskomödie *La Princesse lointaine* (Die ferne Fürstin), die bereits von einer der damals berühmtesten Schauspielerinnen, nämlich Sarah Bernhardt, kreiert wurde, für die er im folgenden Jahre auch *La Samaritaine* (Die Samariterin) verfaßte. Dann kam der Welterfolg des *Cyrano* und im Jahre 1900, wiederum für Sarah Bernhardt, das Schauspiel um das Schicksal des Sohnes Napoleons I. und der Österreicherin Marie Louise im Schloß Schönbrunn unter dem Titel *L'Aiglon* (Der junge Adler). Die Hosenrolle des Jünglings übernahm die fast sechzigjährige Künstlerin. Am 30. Mai 1901 wählte die Académie Française den damals dreiunddreißigjährigen Dichter zu ihrem Mitglied, das jüngste Mitglied, das das ehrwürdige Institut in seiner dreihundertfünfzigjährigen Geschichte je besessen hat. Erst im Jahre 1910 erreichte noch einmal eine Komödie von Rostand die Bühnen, die Tierfabel *Chantecler*. Chantecler ist in der altfranzösischen Tierfabel der Hahn, und das Thema des Stückes ist im wesentlichen der Glaube des Hahns an seine Macht, den Tag herbeizuführen; keinem will er glauben, daß die Sonne auch ohne seinen Weckruf aufgehen könnte, aber zu seinem Schmerz wird er eines Besseren belehrt. Das Werk enttäuschte die allzu hoch gespannten Erwartungen, auch war wohl bereits die neuromantische Verskomödie wieder aus der Mode gekommen; jedoch haben Aufführungen in jüngster Zeit erwiesen, daß das Stück seinen eigenen Zauber besitzt und über die Entstehungszeit hinaus bewahrt hat. Im nationalen Enthusiasmus des Kriegsausbruchs meldete sich Rostand, damals im siebenundvierzigsten Lebensjahre, freiwillig zum Wehrdienst, wird aber nicht angenommen; er widmet sich der Abfassung nationalistischer Lyrik, arbeitet an einem neuen Stück, ohne es vollenden zu können, denn er stirbt bereits am 2. Dezember 1918 im einundfünfzigsten Jahre seines Lebens. *Cyrano de Bergerac* aber ist sein größter Erfolg und sein Meisterwerk geblieben.

Wer war nun der Held dieses Stückes? Eines ist sicher, so romantisch die Gestalt von Rostands Komödie auch sein mag: der Dichter hat mit Akribie und Fleiß die Biographie seines Helden, die Geschichte seiner Zeit und nicht weniger seine

Werke selbst studiert und mit seiner Dichtung den echten Cyrano zu neuem Leben erweckt. Savinien de Cyrano, am 6. März 1619 in Paris geboren, also Zeitgenosse Molières, nannte sich wohl zum Unterschied von anderen Zweigen seiner Familie nach einem Lehen seines Vaters de Bergerac. Seine Erziehung genoß er nach einer auf dem Lande verbrachten Kindheit in Paris, lernte bereits in der Schule den späteren Herausgeber seiner Werke Henri Lebret (tritt bei Rostand auf) kennen, schreibt wohl damals auch schon eine einen Lehrer verspottende Komödie *Le Pédant joué* (Der gespielte Pedant), studiert achtzehnjährig gemeinsam mit Molière Philosophie bei Gassendi und tritt 1638 bei den sogenannten Gascogner Kadetten ein, die unter dem Befehl des Hauptmanns Carbon de Castel-Jaloux standen; Cadet werden die jüngeren (also die Herrschaft nicht erbenden) Söhne des französischen Adels genannt, denen damals nur die Wahl zwischen dem Beruf des Klerikers oder des Soldaten blieb. Für letztere wurden besondere Kompanien in der Armee eingerichtet. Die Gascogner mit ihrem aufbrausenden, heftigen Temperament waren besonders wegen ihrer Rauflust gefürchtet, und das Duell gehörte zum täglichen Brot. 1639 wird Cyrano im Feldzug gegen Deutschland in der Champagne schwer verwundet, erneut empfängt er 1640 vor Arras eine schwere Verwundung durch einen Degenstich in den Hals. Die Liebe zur Wissenschaft und seine angegriffene Gesundheit lassen ihn den Militärdienst quittieren. Er lebte als armer Edelmann und Poet in Paris, gehörte zu den ersten Bewunderern Descartes' und bleibt nach wie vor als unerschrockener und unbesieglicher Degenfechter berühmt (auch der Streit mit dem Schauspieler Montfleury im Hôtel de Bourgogne im 1. Akt der Komödie ist historisch belegt). Geliebt und unterstützt von seinen zahlreichen Freunden lebt er völlig unabhängig, lehnt das Mäzenat, das ihm der Marschall Gassion voller Bewunderung für seine Taten anbietet, ab, und erst zwei Jahre vor seinem Tode im Jahre 1653 läßt er sich dazu bestimmen, in die Dienste des Herzogs von Arpajon zu treten, in denen er sich jedoch trotz aller Freundschaft von seiten des Herzogs nach seiner Unabhängigkeit zurücksehnt.

Auch der Unfall, der ihn durch ein herabfallendes Holzscheit betrifft, ist historisch. Länger als ein Jahr siecht er im

Hause eines Freundes dahin, währenddessen vor allem seine schöne Kusine Madeleine Robineau, Baronesse de Neuvillette, um das Heil seiner Seele bemüht ist; sie hatte ihren Gatten vor Arras verloren und war danach in ein Kloster eingetreten. Im Herbst 1655 ist Cyrano de Bergerac, erst sechsunddreißigjährig, gestorben.

Von seinen in der Mode des »Preziösen Stils« geschriebenen Liebesepisteln ist nichts lebendig geblieben, auch seine Verstragödie *Agrippina* nicht, die ihm den Vorwurf der Gottlosigkeit einbrachte. Jedoch sein satirischer Roman *Reise nach dem Mond* (um 1648) mit der Fortsetzung *Komische Geschichte der Staaten der Sonne*, die Fragment blieb, ist auch heute noch ein höchst lebendiges, geistvolles Buch, das Swift bei seinem *Gulliver* beeinflußt, aber auch den Brüdern Montgolfier Anregungen zu ihrem Luftballon gegeben hat. Die neuen naturwissenschaftlichen, insbesondere astronomischen Erkenntnisse der Zeit hat Cyrano verarbeitet und an der Unzulänglichkeit der Menschennatur und am Zusammenleben der Menschen mit tiefem Pessimismus Kritik geübt. Bereits auf dem Monde trifft Cyrano auf eine utopische bessere Welt; die Vollendung, in der die Natur volle Beseelung erreicht und die Gebundenheit an die Materie überwunden wird, findet er im ewigen Lichte der Sonnenstaaten.

Cyranos Schriften waren fast vergessen, als Rostand seine Komödie schrieb, seither haben seine Utopien jedoch, auch in deutscher Sprache, Neuauflagen erlebt. Hier wollen wir uns an die Gestalt halten, die Rostand uns im Zauber seiner Dichtung vermittelt.

Ralf Steyer

Französische Literatur

IN RECLAMS UNIVERSAL-BIBLIOTHEK

Philipp Reclam jun. Stuttgart